수필로 쓴 정약용론
다산의 여자

수필로 쓴 정약용론

다산의 여자

박주병 지음

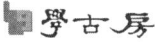

| 머리말 |

  이 책은 다산(茶山) 정약용(丁若鏞) 선생에 관해서 수필의 형식으로 쓴 글이다.
  선생에 관한 자료집이나 논문집, 선생의 편지를 모은 책, 단순한 설명조의 책 등은 이미 많이 나와 있다. 그러나 논문은 깊으나 어렵고 편지 글이나 설명문은 쉬우나 평면적이다. 작가의 철학이 결여되어 있기 때문이다. 또 소설은 철학과 재미는 있을지 몰라도 사실과 거리가 멀다. 나는 이런 결점을 모두 쓸어버리고 기록에 근거하되, 작가의 철학이 녹아 있는 수필의 형식으로 선생을 말하고 싶었다.
  그러나 때로는 어떠한 논문보다 더 깊이 천착하기도 했고, 편지 글이나 설명문보다도 더 쉽게 말하기도 했다. 소설보다도 더 흥미 있게 쓰기도 했다. 김을 매는 데는 호미를 쓰고 논밭은 가는 데는 쟁기를 쓰듯 다루는 분야에 따라서 필치를 달리했다 할까.
  차례는 다산이 살았던 연대순으로 했다.
  논문이나 설명문과는 달리 한 편 한 편이 독립성을 유지하도록 했다. 따라서 내용이 더러 중복되는 부분도 있지만 그래서 오히려 이해하기에는 편리할 것이다. 책의 중간을 펴거나 끝에서부터 읽어도 조금도 불편함이 없을 것이다.

내가 알기로는 이른바 다산학(茶山學)에 대한 학계의 선행연구는, 다산의 역학(易學)에 관한 연구가 타 연구 성과에 훨씬 못 미치고 있는 것 같다. 겨우 학위논문을 비롯한 논문 몇 편과 연구서 한두 권 그리고 번역서 두어 가지가 나왔을 뿐이다. 중국의 『속수사고전서총목제요』(續修四庫全書總目提要)에도 실려 있는 선생의 『역학서언』(易學緖言)이란 대저는 아무도 번역조차 손을 대지 못하고 있는 실정이다. 나는 이 책을 번역하다가 붓을 꺾고 말았다. 내 나이가 너무 많음을 길게 탄식했다. 이 책이야말로 횡행천하, 종횡무진 누비는 선생의 파천황의 박학을 여실히 증명한다고나 할까. 아마도 한 세대는 더 기다려야 이 책의 제대로 된 번역판이 나올지도 모를 일이다.

『여유당전서』의 시문은 일찍이 민족문화추진회에 의하여 번역이 되었다. 시중에 떠도는 다산의 시문 같은 것은 거개가 이 번역본을 조금씩 고치고 다듬고는 내로라하고 수염을 쓰다듬는 것에 불과하다. 근년에 발견된 다산의 시문도 학자들에 의에 일부는 번역되었다.

다산에 관한 글을 쓰다가 다산의 역학에 관한 대목에 부닥치면 꼭 해야 할 설명을 하지 않고 건너뛰거나 소설을 쓰는 모습을 자주 보게 된다. 건너뛰면 그 글은 팥소 빠진 찐빵이 되고, 소설을 쓰면 그 글은 굴타리먹은 호박이 된다. 유배 초기에 형성된 다산의 역학사상이 이후에 이루어진 그의 모든 저술과 시문의 뿌리가 되었다는 걸 오늘날의 학자들이 알지 못하는 것은 참으로 안타까운 일이라 하겠다.

  선생의 말씀마따나 글은 정밀해야 한다. 정밀하지 않으면 감동을 주지 못한다고 선생은 가르쳤다. 당대의 석학으로 불리던 한 한학자가 가로되 다산의 학문은 "넓으나 정밀하지 못하다." [博而不精]라고 했다. 나는 코웃음을 쳤다. 단적으로 말해서 다산의 역학 같은 것을 알지 못하고 하는 소리다.

  이 책은 작지만 일단 다루는 분야는 정밀하게 쓰려고 애썼다. 따라서 더러는 이해를 돕기 위해 주석을 달기도 했다. 그러나 한 귀퉁이를 들어서 세 귀퉁이가 반응하도록 했을 뿐 논문이 되지 않도록 각별히 신경을 썼다고 자부한다.

  이 책이 '작은 큰 책'이란 평을 듣게 된다면 나의 노력(勞力)은 헛되지 않을 것이다.

2013년 2월
順行 朴籌丙

차례

머리말 __5

1. 정약용의 호(號)와 당호(堂號) __13
2. 정약용의 첫 번째 유배 __17
3. 정약용의 대울타리 __20
4. 장기현으로 유배된 정약용 __25
   1) 세로에 위험을 느끼고 __25
   2) 책농사건(冊籠事件)과 신유옥사(辛酉獄事) __31
   3) 저 멀리 내 고향 소내의 달은 __35
   4) 황사영 백서사건(帛書事件) __42
   5) 인생의 비태에 정명이 없다고 할 수 있겠는가 __46
   6) 뜻은 한계와 곡운 사이에 있었다 __49
5. 바다가 하는 말 __52
6. 들어감과 기다림 __61
7. 정약용과 황산석의 만남 __69
8. 탁 트인 주막집 노파 __91
9. 애절양(哀絶陽) __94

10. 정약용과 혜장선사의 만남―九六論辨― __100
11. 야광주가 침몰하면 __109
12. 하피첩(霞帔帖) __120
13. 다산의 매조도 __122
14. 다산의 여자 __128
15. 다산의 두 번째 매조도 __140
16. 중풍에 걸려 서른다섯 해 __146
17. 천도(天道)를 묻다 __150

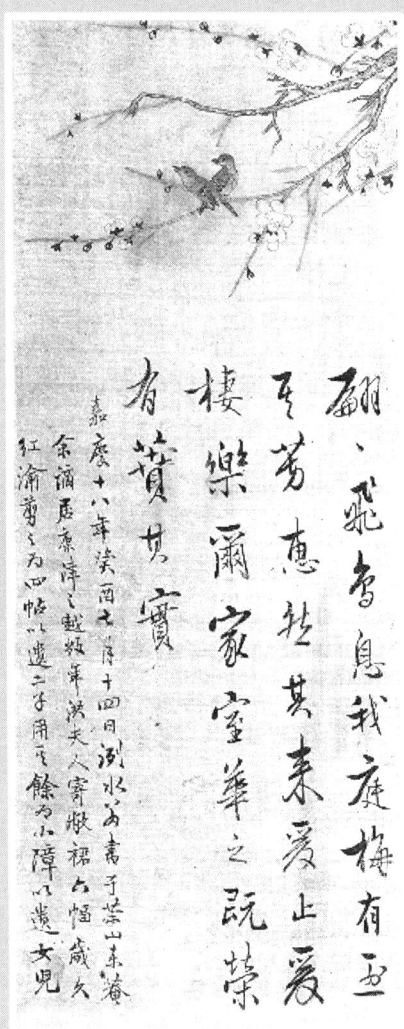

매조도(梅鳥圖) | 정약용

1. 정약용의 호(號)와 당호(堂號)

흔히들 정약용(丁若鏞)을 茶山(다산)이라 하지만 엄밀하게 말하면 잘못된 호칭이다. 정약용 자신은 한번도 자신을 다산이라 한 적이 없기 때문이다. 정약용은 자신을 三眉子(삼미자), 鐵馬山樵(철마산초), 筠菴(균암), 苔山釣叟(태산조수), 門巖逸人(문암일인), 籜皮翁(탁피옹), 籜翁(탁옹), 紫霞道人(자하도인), 茶山老樵(다산노초), 茶翁(다옹), 茶山病客(다산병객) 洌水(열수), 洌樵(열초), 洌上老人(열상노인), 洌水翁(열수옹) 등이라 했을 뿐이다.

정약용은 두 살 때 천연두를 앓다가 오른쪽 눈썹이 세 갈래가 되었다고 해서 스스로 三眉子(삼미자)라고 했다. 환로에 나아가서는 늘 전원이 그리워서 고향 뒷산인 철마산(鐵馬山)의 이름을 따서 자신의 호를 鐵馬山樵(철마산초)라고도 했다. '철마산 나무꾼'이란 뜻이다.

정조의 지우를 받고 있던 정약용이었지만 차츰 세로(世路)에 위험을 느끼고 39세 때 고향 소내[牛川:苕川]로 돌아갔다. 바로 정조의 부름을 받고 도성으로 다시 들어갔었는데 정조가 급서하자 다시 초천 별장으로 돌아갔다. 형제가 한데 모여 날마다 경전을 읽으며 지내고 있었다. 별장에는 與猶堂(여유당)이라는 편액을 달아 놓았다. 「자찬묘지명」(自撰墓誌銘, 集中本)에서는 "당호를 與猶(여유)라 한 것은 겨울에 물을 건너고 이웃을 두려워하는 뜻을 취했다."[堂號曰與猶取冬涉畏鄰之義也]라고 했는가 하면, 「여유당기」(與猶堂記)에서는 "노자가 말하기를, 주저하기를 겨울에 내를 건너듯 하고, 조심하기를 사방 이웃을 두려워하듯 한다."[老子之言曰與〈豫〉兮若冬涉川猶兮若畏四隣]라고도 했다. 여기서 與는 금문(今文)이고 본디는 豫이다. 豫 자의 방(旁)이 象(상)이듯 豫은 큰 코끼리를 뜻한다. 코끼리는 능히 앞을 알고[前知] 걸음걸이는 느리고 의심이 많다. 猶는 원숭이를 뜻하지만 猶 자의 변(邊)이 견(犬) 자이듯 여기서는 개를 뜻한다. 개는 사람의 앞에 가다가도 살피며 되돌아본다. 정약용은 코끼리며 개한테서도 배우려 했던 인물이 아닌가.

40세에 신유옥사(辛酉獄事)에 연루되어 봄에 경상도 장기로 유배되었는데 황사영의 백서사건(帛書事件)이 터지자 다시 도성으로 압송되었다가 그 해 동짓달에 강진으로 이배되었다.

　강진에서 맨 처음 동문 밖 주막집에 머물렀는데 그 이듬해 동짓달부터 자신이 거처하는 방을 四宜齋(사의재)라고 했다. 그 뜻은 「사의재기」에 나타나 있거니와 요컨대 생각은 마땅히 담백해야 한다. 외모는 마땅히 장엄해야 한다. 말은 마땅히 적어야 한다. 움직임은 마땅히 무거워야 한다. 마땅하다는 것은 옳다[義]는 뜻이다. 등의 내용이다. 이날 정약용은 『주역』건괘(乾卦)를 읽었다고 적어 놓았다. 아마도 건괘가 가르치는 군자의 사덕(四德)이며 자강불식(自彊不息)을 다짐했으리라.

　1805년 겨울, 정약용은 혜장선사의 주선으로 사의재에서 보은산 고성사(高聲寺)의 칠성각으로 거처를 옮겨 그곳에서 아홉 달을 지냈다. 고마운 뜻에서 그 거처를 보은산방(寶恩山房)이라 했다. 「제보은산방」(題寶恩山房)이란 시가 있다. 1806년 가을에 이청의 집으로 옮겼다가 1808년 봄 다산의 귤동(橘洞)에 있는 윤단(尹慱)의 산정(山亭)으로 옮기고부터는 茶山老樵(다산노초)니 茶翁(다옹)이니 茶山病客(다산병객)이니라고 했다. 여기서 다산(茶山)과 다(茶) 등은 모두 지명일 뿐이다. 따라서 다산노초는 '다산의 늙은 나무꾼', 다옹은 '다산의 늙은이', 다산병객은 '다산의 병자'라는 뜻으로 한 말에 지나지 않는다.

　정약용은 회갑 년에 지은 「자찬묘지명」에서 자신의 호를 '俟

菴'(사암)이라 했다. '기다린다'는 뜻이다. '사암'이란, "귀신한테 물어도 의심이 없고 백세(百世)로써 성인을 기다려도 미혹되지 않는다."[質諸鬼神而無疑 百世以俟聖人而不惑]라는 『중용』의 한 구절에서 취했다고 담원(薝園) 정인보(鄭寅普)는 말했다. 귀신한테 물어도 의심이 없다는 것은 하늘을 아는 것이고, 백세로써 성인을 기다려도 미혹되지 않는다는 것은 사람을 아는 것이라고 자사(子思)는 부연했다. 하늘을 알고 사람을 안다면 도(道)를 얻은 것이 아니겠는가.

유배에서 풀려나서 고향에 돌아온 뒤 한강의 옛 명칭이 열수(洌水)란 걸 고증했다. 이후 사암이란 호와 더불어 열수(洌水), 열초(洌樵), 열상노인(洌上老人) 등을 사용했다.

나는 정약용에 관해서 글을 쓸 때, 정약용이 다산초당으로 옮기기 전에 있었던 일을 다룸에 있어서는 대개의 경우 정약용을 다산이라 하지 않고 그냥 정약용이라 했다. 예컨대 「정약용과 황산석의 만남」과 같은 글이다. 이 글에서 황상(黃裳)이라 하지 않고 황산석(黃山石)이라 한 것도 같은 맥락에서이다. 정약용을 만날 때의 황상은 황상이 아니고 열다섯 살 황산석이었다.

나는 사암(俟菴)이란 선생의 호를 떠올릴 때면 언제나, 선생의 학문적 긍지와 자부심과 비원에 저절로 머리가 숙여진다. 그리고 선생의 고독에 가슴이 조금 아프다.

2. 정약용의 첫 번째 유배

   정약용은 28세가 되던 1789년 1월에 성균관의 거재 유생(居齋儒生)에게 보이는 반시(泮試) 과거에서 임금에게 올리는 이른바 표문(表文)으로 수석을 차지하고, 이어 그 해 3월에는 임금이 직접 참가하여 보이는 과거의 마지막 시험인 전시(殿試)에서 둘째로 합격했다. 드디어 대과 급제를 했다.

  첫 벼슬은 종 7품에 해당하는 직장(直長)이었다. 지금의 경기도 고양군 원당읍 원당리에 있는 중종의 계비 장경왕후(章敬王后)의 능(陵)을 지키는 능지기가 된 것이다. 능지기라면 한직 중의 한직이었다.

  이때 정약용은 이런 시를 지었다.

자취를 숨기는 것은 참으로 나의 뜻이니
하게 된 벼슬이 바로 능지기라네
수풀 창 아침에는 고요함을 익히고
시냇가 언덕 해거름에 서늘함을 맞이하네
안개 걷히면 솔 빛이 곱고
산이 깊어 풀 기운 향기롭네
벼슬 낮지만 도리어 자취 아름답고
높이 날기를 연연해하지 않네

'자취 아름답다'는 말은 정약용의 아버지 정재원(丁載遠)이 일찍이 희릉 참봉(參奉)을 지낸 일이 있었는데 이제 아버지의 자취를 더듬게 되어 감개가 무량하다는 뜻이다.

능지기 생활은 길지 않았다. 이듬해 29세 때 우의정 채제공(蔡濟恭)이 정약용을 추천하여 윤지눌, 김이교와 더불어 한림의 후보 즉 한림회권(翰林會圈)으로 발탁되고, 시험을 거쳐 김이교와 같이 예문관(藝文館) 검열(檢閱)에 임명되었다.

정약용은 한림원(翰林院: 藝文館)에서 숙직하던 날 밤에 이런 시를 지었다.

한미한 처지로 이제 막 초야에서 들어와
숙직하는 이 밤 내내 마음 설레네

    한림시에 글 올리는 은총으로 족한데
    한림으로 붓을 잡을 재주는 본디 아니라오

  그런데 이때 사헌부에서 들고 일어났다. 한림의 선발 과정이 공정하지 못하다는 것이었다. 물론 반대파의 농간이었다. 정약용은 두 번이나 사직상소를 올리고는 정조 임금이 여러 차례 불러도 응하지 않았다. 이것이 또 말썽이 되었다. 반대파들은 옳거니, 하고 들고일어났다. 정조는 그 해 3월에 정약용을 현재의 충남 서산군 해미면인 충청도 해미(海美)로 정배했다. 그러나 열흘 만에 해배되었다. 이것이 정약용의 첫 번째 귀양살이였다.
  재능이 뛰어난 정약용은 처음부터 정조의 지우를 받게 되자 이를 시기하는 악당들은 평생을 따라다니며 정약용을 해코지 했던 것이다.

3. 정약용의 대울타리

    정약용(丁若鏞)의 「죽란시사첩서」(竹欄詩社帖序)라는 글을 보면, 그가 마흔 살에 유배되기까지는 지금의 명동인 명례방(明禮坊)에 살았던 것 같다. 이곳은 고관대작들의 집이 많아서 수레바퀴 소리며 말발굽 소리가 날마다 시끄러웠고 아침저녁으로 완상할 만한 연못이나 정원도 없었다고 한다.

생각 끝에 그는 마당의 절반쯤을 할애하여 경계를 짓고 좋은 꽃나무를 화분에 담아 그 곳을 채웠다. 「죽란화목기」(竹欄花木記)라는 그의 글을 보면 석류, 매화, 치자나무, 산다, 금잔화, 은대화, 파초, 벽오동, 만향, 부용 등인데 품종과 수효까지 적어 놓고 있다. 백훼함영(百卉含英)이라 할 만하다.

그는 여기를 다니는 비복(婢僕)들이 꽃을 스칠까 걱정이 되어서 서까래 같은 대나무로 화단의 동북방을 가로질러 대울타리를 세웠다. 이 대울을 그는 '죽리'(竹籬)라 하지 않고 한껏 멋을 부려 '죽란'(竹欄)이라 했다. '欄'(란)이라는 글자에도 '울타리'[籬]라는 뜻이 있기 때문이다.

'죽란'을 만들 이때는 그가 참으로 호강스러운 시절이었다. 재주와 학문이 발군한 데에다가 정조 임금의 지우(知遇)를 받고 눈썹을 치키며 활개를 치던 무렵이었다.

언제나 조회에서 물러나서는 건(巾)을 젖혀 쓰고 이 '죽란'을 거닐기도 하고 달 아래 술 마시고 시를 짓기도 했다. 고요한 산림과 원포(園圃)의 정취가 돌고 수레바퀴 소리며 말발굽 소리를 잊을 수가 있었다. 수레바퀴 소리며 말발굽 소리를 잊을 수가 있었던 것은 죽란에 온통 마음이 빠졌기 때문일 거다.

정약용이 함께한 시인의 모임이 하나 있었는데 그 모임이 흔히 '죽란'이 있는 정약용의 집에서 이루어졌기 때문에 그 모임을 '죽란시사'(竹欄詩社)라 했다.

살구꽃이 처음 피면, 복숭아꽃이 처음 피면, 외가 익으면, 초가을 서늘할 때 서지(西池)에 연꽃이 피면, 국화가 피면, 큰 눈이 내리면, 세모에 분에 심은 매화가 피면 그때마다 모인다. 모일 때마다 술, 안주, 붓, 벼루 등을 갖추어 술 마시며 시를 읊는

다. 나이가 적은 사람부터 먼저 모임을 마련하여 나이 많은 사람에 이르고 한 차례 돌고 나면 다시 그렇게 한다. 또 아들을 낳은 사람이 있으면, 수령으로 나가는 사람이 있으면, 품계가 승진하는 사람이 있으면, 자제(子弟) 중에 급제하는 사람이 있으면 그때마다 모인다.

 이 '죽란시사'는 시인들의 모임이기 전에 젊은 문신들의 모임이었다. 정조 임금이 초계문신(抄啓文臣)이라 하여, 인재 양성을 목적으로 37세이하의 당하문신(堂下文臣) 중에서 뽑아 규장각에 소속시키고 공부하게 하여 학제에 따라 매달 경학과 제술로 시험을 보이었고 사십 세가 되면 자동으로 초계문신에서 제외시켰다고 한다. '죽란시사'의 열다섯 동인 가운데 정약전 정약용 형제를 비롯한 아홉 사람이 이 초계문신이었다고 하니 '죽란시사'가 얼마나 귀족적이었던가를 짐작케 한다.[1]

 그러나 누가 알았으랴! 일진광풍에 아리따운 꽃들이 덧없이 흩어지듯 '죽란'의 언약은 사랑처럼 허망했다. 정약용 형제가 귀양을 떠나던 날 '죽란시사'의 남은 사람들은 약조에는 없지

---

1) 죽란시사 열다섯 동인은 다음과 같다. 李儒修(抄啓文臣, 司憲府掌令), 洪時濟(大司諫), 李錫夏(抄啓文臣), 李致薰, 李周奭, 韓致應(抄啓文臣, 咸鏡觀察使), 柳遠鳴(抄啓文臣), 沈奎魯(抄啓文臣, 江陵府使), 尹持訥(抄啓文臣, 司憲府持平), 申星模(抄啓文臣), 韓百源, 李重蓮, 丁若銓(抄啓文臣, 兵曹佐郞), 丁若鏞(抄啓文臣), 蔡弘遠(吏曹叅議).

만 은밀하게 모이기라도 했는지, 그때를 생각하니 공연히 우울해진다.

　비좁은 우리 집 뜰에 나무가 빽빽한 것은 정약용의 '죽란'을 재현해 보고 싶었기 때문이다. 모양은 '죽란'일지 몰라도 정약용과는 달리 담장 밖 수레바퀴 소리를 막지 못한다. 하는 짓이라고는, 매화꽃 그늘 아래 우두커니 서 있기도 하고 댓잎을 스치며 거닐어도 본다. 동녘에 달 떠오를 적에 마당의 나무 그림자가 슬며시 서쪽 담을 넘어가는 것을 물끄러미 바라보기도 하고 가만히 벌레 소리를 듣다가 아득히 지난날을 떠올려 보기도 한다.

　꽃다운 시절, 깨어진 꿈, 애틋한 인연, 어느 것 하나 후회되지 않은 게 없고, 앞을 내다보면 남은 일들은 그저 막막할 따름이다. 마음이 편안하게 되어야겠는데 좌선을 하면 그리 되는지 모르겠다. "교법(敎法)의 승려들도 늙어지면 모두가 좌선을 한다."[經師晚年皆作坐禪]라는 말이 있다. 유가에서 보면 주자는 경사요, 육상산은 선사라 하겠지만 주자도 만년에 가서는 좌선 쪽으로 조금 쏠렸던 것 같다. 다산은 "내가 원하는 것은 선이다."[我所願者禪]라고까지 했다. 하지만 나는 한낱 구두선에 그친다. 정주(程子와 朱子)이후의 송유(宋儒)들처럼 마음을 한군데에 집중하여 잡념을 버리는 이른바 주일무적(主一無適)의 수

양 같은 거라도 조금 쌓았더라면 지금 그리 심란하지는 않을 텐데, 심서(心緒)는 봄바람에 수양버들 같으니 좌선이 아니라 좌치(坐馳)가 되고 만다. 젊어서는 같잖은 오골(傲骨)이었더니 늙어지니 그 벌을 받아 그런지 벗이라고는 오직 지팡이뿐이다. 거슬러 올라가 옛날의 어진 선비를 벗으로 삼는다는 이른바 '상우'(尙友) 같은 건 언감생심이고, 현전을 잊어버릴 만한 벽(癖)도 없다. 천지간에 어디로 도망을 치리. 아아, 무정세월 어쩌나. 살아간다는 것은 고독이며 허망을 깨달아 가는 과정에 지나지 않는 것이리라.

어쩌자고 무심한 나무들마저 이 밤따라 저리도 잠을 이루지 못하는가. 바람에 흔들리는 대나무 그림자가 창문에 어른거린다. 한사존기성(閑邪存其誠)이라 했다. 도적을 막으면 재물이 온존(溫存)하듯이 삿됨을 막으면 참됨이 오롯하다는 말이겠다. 진작 저 대를 베어다가 내 마음의 가장자리에 대울을 만들 수가 있었더라면, 지금쯤은 백화제방(百花齊放)이 되었을까. 요놈의 번뇌마를 막을 수가 있었을까. "마음이 멀어지니 땅이 저절로 외지다."[心遠地自偏]라는 도연명의 경지처럼 대울을 치느니 차라리 마음이 떠날 일인 것 같다. 하지만 마음이 마음대로 안 되는 이것은 뭔가.

4. 장기현으로 유배된 정약용

1. 세로에 위험을 느끼고

   동외곶(冬外串)이라 하면 잘 모르다가도 장기곶(長鬐串)이라 하면 다 안다. 그 아랫동아리에 옛 명칭으로는 장기현(長鬐縣) 마산리(馬山里), 지금 이름으로는 장기면 마현리(馬峴里)라는 마을이 있다. 어느 때의 명칭으로 하든 장기(長鬐)와 말[馬]를 합치면 '장기마'(長鬐馬) 곧 '갈기 긴 말'이 되기에 이 골목 저 골목 기웃거려 보아도 말 기르는 집은 보이지 않고 소 기르는 집만 더러 보인다.

   장기 땅은 자주 유배지가 되었다. 조선조 때만 해도 여러 사람이 이곳에서 귀양살이를 했다고 한다. 정약용(丁若鏞)도 그 가운데 한 사람이었다.

정약용이 회갑 년에 자신을 평해 이르길, "그 사람됨이 선을 즐기고 옛 것을 좋아하며 행위에 과단성이 있었는데 마침내 이 때문에 화를 불렀으니 운명이다."라고 했다.(「自撰墓誌銘, 壙中本」) 정약용은 정조 임금으로부터 기재(奇才)라는 칭을 들으며 지우를 받고 있었지만 정조가 정약용과 그의 중형 정약전을 두고 평하길, "형이 동생보다 낫다."라고 매번 말했는가 하면 정약전이, "내 아우는 병통이 없지만 오직 국량이 작은 것이 흠이 된다."라고 했다. 정조의 말은 이 국량을 두고 한 말인 것 같거니와 본디 재주가 발군한 데다가 국량이 작고 과단성이 지나치면 독선적이게 마련이다. 더구나 임금의 지우까지 받고 있었으니 권모술수와 중상모략이 판을 치는 환로며 정계에서 그의 앞날이 순탄치가 못할 것은 진작 예견되어 있었지 않았는가. 주위의 시기와 미움도 사고 탄핵도 받았던 것 같다. 고작 열흘 동안이긴 하지만 일찍이 귀양간 적도 있었다.

정약용은 연하고질(煙霞痼疾)의 천품을 타고났던 걸까, 어릴 적에 눈 덮인 들판을 뛰어다닐 때면 어른이 불러도 좀처럼 말을 듣지 않았다 한다. 비록 환로에 들어서긴 했지만 금마옥당(金馬玉堂) 사이를 훨훨 날아다니다가도 마음은 문득문득 고향 소내[牛川] 앞에 흐르는 소양수(북한강)에 노니는 한낱 어부요, 천생

일민(逸民)이었다.

> 곤곤히 흐르는 소양강 물
> 서남으로 광주를 지난다
> 늘 도연명의 전원시를 마음에 품고
> 사마상여가 객지로 떠돌 듯 한다(遊客梁旋歸蜀過臨邛:筆者注)
> 그림 속에 푸른 산봉우리를 옮겨놓고
> 말없이 흰 갈매기를 대한다
> 함께 숨을 사람 헤아려 보니
> 얼마쯤은 명사들이구나

袞袞昭陽水 西南度廣州 常懷元亮賦 猶作馬卿遊 有畵移靑嶂 無辭對白鷗 商量偕隱者 多少是名流
———「懷江居二首次杜韻」제1수

교쾌한 시배(時輩)들의 미친 파도에 명주(溟洲)처럼 쓸리며 정약용은 불안했다. 서른아홉 살이 되자 세로(世路)에 더욱 위험을 느꼈다. 드디어 그해 음력(이하 음력) 유월에 처자를 이끌고 고향인 마재[馬峴]의 소내 곧 초천(苕川:지금의 경기도 남양주시 조안면 능내리)으로 돈연히 떠나갔다.(正祖 24, 庚申, 1800) 이 무렵을 전후해서 지은 걸로 추측되는 「고의」(古意)라는 시를 보기로 한다.

한강은 흘러 쉬지 않고
삼각산 드높아 끝이 없어도
산하는 그래도 변천이 있겠지만
떼거리 음흉한 놈들 파괴될 날이 없네
한 사람이 공작을 꾸미면
뭇 입들이 전하고 옮겨서
치우치고 삿된 것이 뜻을 얻으니
정직한 자 어찌 발붙일 것인가
외로운 난새는 깃털이 약해
가시를 이겨내지 못하는 것을
한 가닥 바람을 타고서
묘연히 서울을 떠나려 하네
방랑을 감히 좋아서가 아니야
머물러 봤댔자 무익함을 알아설세
대궐문은 호표가 지키고 있으니
무슨 수로 이내 충정 상달하리오
고인의 지극한 가르침이 있으니
향원(속인들 사이에서 의리를 지킨다고 칭찬 듣는 사람)은 덕의 도적이다
[鄕原(愿) 德之賊也 ─『論語』「陽貨」]

    훗날의 유락을 읊조리듯 했으니 정약용의 운명은 시참(詩讖)이 되고 말았다 할까.

고향에 도착하자 그는 진작 세워 둔 비둔(肥遯)의 계획을 이제야 실천할 때가 왔다고 생각했던 것이다.

나는 약간의 돈으로 배 한 척을 사서 배 안에 어망 네댓 개와 낚싯대 한두 개를 두고 발 달린 솥[鐺鼎], 술잔, 반 등 여러 가지 양생에 필요한 기구를 갖추고서 방 한 칸을 만들고 온돌을 놓을 거다. 두 아들한테 집을 지키게 하고, 늙은 아내와 어린 아이와 어린 종 하나를 이끌고 부가범택(浮家汎宅:물에 떠다니면서 사는 배)으로 종산(鍾山)과 초수(苕水) 사이를 왕래하면서 오늘은 월계(粵溪)의 못에서 고기를 잡고, 내일은 석호(石湖)의 구석에서 낚시질하며, 또 그 다음날에는 문암(門巖)의 여울에서 고기를 잡는다. 바람을 먹고 물에 잠자며 물결 속 오리처럼 둥실둥실 떠다니며 때때로 짧은 노래 작은 시를 지어 기구하게 뒤섞인 심정을 스스로 펴 볼까 한다. 이것이 나의 소원이다.

고인 가운데 이렇게 한 사람이 있는데 (당나라 때) 은사 장지화(張志和)가 그랬다. 장지화는 본래 관각(館閣)의 학사(學士)로서 만년에 물러나 이렇게 하고 자호를 '연파조수'(煙波釣叟)라 하였다. 내가 그 풍취를 듣고 즐거워서 '초상연파조수지가.'(苕上煙波釣叟之家)라고 쓰고 이것을 공장(工匠)에게 시켜

나무에 새겨서 방(榜)을 만들어 그것을 간직해 온 지가 몇 해가 되었다. 이것은 장차 내 배의 방으로 한다. 가(家)는 곧 부가(浮家)를 말한 것이다.

 경신년 초여름에 처자를 이끌고 초천의 별장에 이르러 막 부가를 지으려고 하던 차에 성상께서 내가 갔다는 말을 들으시고 내각에 명을 내려 나를 소환토록 하였으니 아, 내가 어찌하겠는가? 바로 다시 서울로 돌아갔는데 그 방을 꺼내어 유산(酉山)의 정자에 달아놓고 갔다.

——「苕上煙波釣叟之家記」抄

 정약용이 다시 도성으로 돌아온 지 며칠이 안 되어 정조는 유월 스무여드렛날에 갑자기 승하했다. 정약용은 다시 초천 별장으로 돌아갔다. 부가를 만들기에 앞서 우선 형제가 한데 모여 날마다 경전을 읽으며 지내고 있었다. 별장에는 '與猶堂'(여유당)이라는 편액을 달아 놓았다. 「자찬묘지명」(自撰墓誌銘, 集中本)에서는 "당호를 여유라 한 것은 겨울에 물을 건너고 이웃을 두려워하는 뜻을 취했다."[堂號曰與猶取冬涉畏鄰之義也]라고 했고, 「여유당기」(與猶堂記)에서는 "노자가 말하기를, 주저하기를 겨울에 내를 건너듯 하고, 조심하기를 사방 이웃을 두려워하듯 한다."[老子之言曰與〈豫〉兮若冬涉川猶兮若畏四隣]라고도 했다.

그러나 정약용은 나아간 뒤에야 주저하려 하고 주위의 눈총을 받은 뒤에야 이웃을 조심하려 한 것이 아니었는지 모를 일이다.

2. 책농사건(冊籠事件)과 신유옥사(辛酉獄事)

정조가 승하하자 왕세자가 너무 어려서 영조의 계비 정순왕후 김씨가 대왕대비로 수렴청정을 하게 되었다. 지난날 정순왕후와 결탁하여 사도세자 참사를 획책했던 노론 벽파(僻派)는, 정조의 비호 아래 사도세자 사건에 연민의 정을 가졌던 노론 시파(時派)를 제거했다. 정권을 장악한 노론 벽파는 반대 정치세력인 남인을 몰아내는 것을 급선무로 정했다. 그러던 차에 그 해 섣달에 남인 천주교도들(崔必悌, 吳玄遠, 趙東遷, 李箕延 등)이 서울과 양근(陽根) 충주(忠州) 등지에서 잡혔다. 위정척사(衛正斥邪)를 내건 노론 벽파가 남인을 제거할 명분이 생겼다. 이듬해(純祖 1, 辛酉, 1801) 정월 열하룻날에 정순왕후 김씨의 "코를 베어 멸망시키겠다."는 '사학금압하교'가 내려지고 천주교도들에 대한 수색이 더욱더 심해졌다. 다급한 남인 신도들은 증거를 숨겼으나 그 달 열아흐렛날에 한성의 포교가 붙잡은 어떤 사람의 농(籠) 속에서 천주교 교리서, 성구(聖具), 신부와의 교환 서찰, 대여섯 사람의 왕복 서찰들이 나왔다. 그 서찰 가운데는 정약용 집안의 서찰도 들어 있었다.

정약용은 이 책롱에 관한 일을 정월 그믐날에서야 이유수(李儒修) 윤지눌(尹持訥)이 서찰로 알려주었으므로 급히 말을 달려 도성으로 돌아와 명례방(明禮坊: 지금의 명동 일대)의 자택에 머물면서 사태를 주시하고 있었다.

그 해 이월 초여드렛날에 양사(兩司)가 계를 올려 이가환 정약용 이승훈을 국문하기를 청했다. 정약용은 그 이튿날 새벽에 체포되어 입옥되었다. 그의 두 형 정약전 정약종과 이기양 권철신 오석충 홍낙민 김건순 김백순 등이 차례로 옥에 들어갔다. 그런데 그 문서 더미 속에는 정약용이 정약종에게 보낸 서찰도 들어 있었는데, "화색(禍色)이 박두하였으니 사학(邪學)을 믿으라고 꾀는 자가 있으면 내가 손수 칼로 찌르겠습니다."라는 것과 같은 정약용이 누명을 벗을 만한 증거가 많았으므로 곧 형틀을 벗고 일단 석방되어 금부 안에서 처분을 기다리고 있었다. 여러 대신들이 모두 백방하기를 의논하는데 오직 서용보(徐龍輔) 혼자 불가하다고 고집했다. 이 책롱사건이 터지자 얼씨구나 하고 차제에 정약용만은 꼭 죽여 없애려고 한 것이 서용보의 심보였다. 이때 악당들은 흩어진 문서 더미 가운데서 '삼구(三仇)의 설'(西敎에서 착한 일을 못하게 방해하는 육신, 세속, 마귀의 세 가지를 원수에 비겨 이르는 말.)을 찾아내어 억지로 정(丁)씨 집 문서로 정하고 무함하여 드디어 정약종에게 극률을 가함으로써 정약용의 재기의 길을 막았다. 결국 정약용은 장기현으로, 정약전은 신지도(薪智島)로, 이기양은 단천(端川)으로, 오석충은 임자도(荏子島)로 정배(定配)되었지만 정약종과 나머지 사람들은 중형을 면치 못했다. 이른바 신유옥사(辛酉獄事/辛酉邪獄)다.

정약용은 체포된 지 십구 일 만인 이월 스무이렛날에 출옥하여 이튿날 귀양길에 들어섰다. 숭례문 남쪽 가까운 데 있는 석우촌(石隅村) 세 갈래 길에서 두 마리 말이 서로 장난치며 울고 있었다. 한 마리에는 정약전이 다른 한 마리에는 정약용이 타고 하나는 남으로 하나는 동으로 갈리며 제부(諸父) 제형(諸兄)들과 가물가물 멀어질 때까지 서로서로 손은 흔들었다. 한강 남쪽의 사평리(沙平里)에서 가족과 이별할 때 표정이야 비록 씩씩한 체 했어도 마음이야 그라고 다르지 않았단다. 그믐날엔 죽산(竹山)에서 유숙하고, 삼월 초하룻날에는 가흥(嘉興)에서 유숙하고, 이튿날에는 충주 서쪽 이십 리허의 하담(荷潭)에 당도했다. 가문이 다 무너지고 죽느냐 사느냐 지금 이렇게 되었으니 이 세상 사람들이 아들 낳는 것 축하하지 않게 만들었다며 부모 무덤 앞에 엎드려 대성통곡을 했다. 탄금대에서는 임란 때 신립(申砬)이 한신만큼 지략이 있었던들 왜군이 충주를 함락치 못했을 거라며 신립을 일으켜 책언하고 싶었다. 연풍현 북쪽에 있는 무교(蕪橋)를 건넜는데, 계곡은 돌고 돌아 합치고 종일토록 건너도 하나의 물이었다. 지팡이를 짚고 가파른 산을 오르니 다리가 시고 아프건만 임란 때 순변사 이일(李鎰)이 왜군의 호접진에 걸려들어 군대를 버리고 도망칠 때에는 이 길도 평평하기가 숫돌 같았을 거라며 깊은 산속에서 혼자 중얼거렸다. 새재를 넘으며 지형을 살펴보고 임란 때 이 천혜의 요새를 버린 멍청이 같은 작전계획에 또 한 번 탄식했다. 죽 벌여 있는 칠십 고을의 관약(管蘥:關鍵)이 되어 깊이깊이 싸고 있는 문경 고을 남쪽 토천(兎遷: 串岬遷의 異稱). 그 지리를 차지한 것이야말로 계림이 삼국을 통일한 하나의 원인이 되었다고 생각했다. 함창현의 공골피(空骨陂) 못을 바라보며 천연적인 아름다움은 훌륭한데도 앉은 자리가 좋지 않아 아름답게 꾸민 사람이 없고 다만 벼 이삭에 물만 대 준다고 평하기도 했다. 이러구러 장기에 도착한 날이 삼월 초아흐레였다. 그 이튿날 이곳 마산리의 늙은 장교(將校) 성선봉(成善封)의 집에 거주하게 되었다. 지금의 장기초등학교 자리가 그 집터라고 추정할 뿐 확실한 위치는 아무도 모른다.

3. 저 멀리 내 고향 소내의 달은

장기초등학교. 설을 쇠었지만 학교는 아직 겨울 방학이 끝나지 않은 모양이다. 운동장에는 아이들 네댓이 공을 차고 있을 뿐 호젓하기 그지없다. 어디쯤이 정약용이 머물렀던 그 집터란 말인가. 은행나무에서 새들만 뭐라고 조잘대다가 만다. 한쪽에 자리 펴고 누워 볼거나.

정약용은 귀양을 오자마자 삼월에 지은 「홀로 앉아」라는 시에서 스스로를 늙은이라 했다. 갓 마흔 살에 얼마나 낙탁했다 싶었으면 그리 말했을까. 귀골이 궁벽한 해우(海隅)에서 불편하고 갑갑하고 무료했겠지. 집 생각은 얼마나 났을까. 더구나 그 봄날은 내내 병치레를 했다지 않는가. 달팽이의 두 뿔 위에서 만씨와 촉씨가 싸운다는 칠원리(漆園吏)의 가설 곧 만촉지쟁(蠻觸之爭) 같은 당파 싸움 생각하다가 울기도 했다.

> 쓸쓸한 여관에 홀로 앉아 있을 때면
> 내 그늘도 꼼닥 않고 어찌 그리 해는 긴지
> 고향 생각이 일면 곧바로 눌러 버리고
> 시구가 원숙해지면 끝까지 밀고 나간다
> 녹음방초 향해 눈길은 가지만
> 마음은 마른 나무 식은 재와 진배없다

나를 풀어놓아 집으로 돌아가게 하더라도
한낱 이 같은 한 늙은이일 뿐이리
　　　　　　　　　——「獨坐」抄 〈1801. 3월〉

산에 칡덩굴 푸르고 대추 잎 돋아나고
장기성 밖은 바로 작은 바다
돌로 눌러도 시름은 다시 일고
꿈길은 연기처럼 언제나 희미하다
극에 닿는 온갖 생각 모두가 부질없고
하늘은 어찌하여 내게 칠정을 주었을까
　　　　　　　　　——「愁」抄 〈1801〉

병상에서 일어나니 봄바람은 간곳없고
시름이 많으니 여름밤이 길다
잠깐 대자리에 누워 있는 사이에도
문득문득 고향 집이 그리워져
불을 붙이니 솔 그을음이 침침하고
문을 여니 대 기운이 서늘하다
저 멀리 내 고향 소내의 달은
흐르는 그림자를 서쪽 담에 비추리
　　　　　　　　　——「夜」 〈1801. 여름〉

> 만촉 싸움 분분하여 각각 한쪽으로 치우치고
> 객창에서 깊이 생각하니 눈물이 흐른다
> 산하는 옹색하여 고작 삼천린데
> 비바람 서로 싸워 이백 년이다
> 길 잃고 슬퍼한 영웅 한없이 많고
> 밭을 두고 싸우는 형제 언제나 부끄러움을 알까
> 하 넓은 은하수 퍼내어 씻어 내리면
> 밝은 해 밝은 빛이 온 누리에 비치리
>
> ——「遣興」〈1801〉

'천주쟁이'로 몰린 그에게 말벗인들 있었을까. 마을 사람들은 그를 죄인이라고 가까이 하길 꺼렸다. "처음에는 작은 소리로 소곤소곤하더니 마침내 요란스레 떼지어 떠든다."고 했다.(「惜志賦」)

차차 길잡이라도 생겼던가. 더러는 울울한 심정을 달래며 여기저기로 나다니기도 했다. 경주의 성산포며 계림까지도 나가 보고, 장기읍성에 올라 해돋이를 보면서 햇살이 퍼졌다가 사라졌다 하는 것을 어가를 호위했다가 해산했다가 하는 것에 빗대어 보기도 했다. 소동파를 배우느라 바둑 못 배운 걸 후회하면서 기껏 이웃 영감과 장기나 두고, 일본산 자기 잔에 보리숭늉을 마시기도 했다. 해구신(海狗腎) 값이 올라서 서울의 재상들이 서신을 보낸다는 말도 있고 꽃게의 엄지발이 참으로 유명하건만 언감생심이지. 아침마다 국이라곤 가자미 국뿐인 데다가 개구리 알, 밀즉(蜜喞: 쥐새끼를 꿀에 넣어 둔 것) 같은 것도 서로 권하는데 홀로 귀골 티를 내랴? 꾹 참고 먹었것다. 그래서일까. 봄을 나자 습증이 중풍으로 변해 왼쪽 다리에 늘 마비 증세가 왔다. 스스로 이르길, 북녘 태생이 남녘 음식에 적응을 못해서라고 했지만 차차 병이 깊어져 한평생 절름거리게 될 줄 누가 알았겠나. 창출 술이 특효가 있는 줄을 번히 알지만 약 솥 들고 종은 와서 고향만 물었다. 신명나게 보리타작을 하는 광경을 보고는 사람들은 왜 고향 땅을 떠나 풍진객이 되느냐고 했고, 남가일몽(南柯一夢)은 다시는 꾸지 않고 강가에서 낚시꾼이나 되는 것이 소원이라 했다. 지팡이에 의지하여 느릅나무 숲길을 비틀거리며 "이 몸이 있는 곳이 우리집이지."라고 자위했지만 가을이 되자 처자가 더 그리워졌던 모양이다.

> 어미 제비가 새끼한테 멀리 날게 연습시켜
> 고향에 돌아가려고 검정 옷을 입힌다
> 비비배배 그 수다가 모두가 헛소리지
> 가을바람 불어오면 날 버리고 돌아갈 거면서
> ——「秋懷」제2수 〈1801. 가을〉

정약용은 자신이 비색(否塞)한 처지가 된 것은 자신의 마음 세움[立心]이 잘못되어서가 아니라 재주가 적어서라고 했다.

> 진흙 모래가 땅에 가득한데 갈기 늦게 흔들었고
> 그물이 하늘에 가득한데 가벼이 날개 폈다
> 맑은 시절에는 괴로워라 활에 다친 새였더니
> 남은 목숨도 다를 게 없구나 그물에 걸린 고기라네
> 천년을 두고선들 어느 누가 나의 비색을 알랴
> 마음 세움이 굽어서가 아니라 재주 적어설세
> 늘그막에 나의 탕목읍이 장기현이 그란 말인가
> 고난을 겪어겪어 상전벽해라 머리 짧은 늙은일세
> 뜬 이름 사방에 떨쳤어도 이미 묵은 자취일 뿐
> 몸밖에는 한 가지로 비었고 대머리만 남았다
> ──「自笑」抄 〈1801〉

마음 세움이 굽지 않았건만 살을 맞기도 하고 그물에 걸리기도 했던 정약용이었다는 것은 천년을 기다리지 않아도 아는 사람은 많다. 왜 그런가? 그런 화살이며 그물이 한 번도 우리 곁에 없었던 적이 없었기에 그렇다. 장기현이 자신의 탕목읍(湯沐邑) 곧 채지(采地: 食邑)라 한 것은 새겨들으면 눈물을 머금은 냉소요, 대머리가 되었다는 말은 얼른 들어도 세상을 버린 사람의 자조가 아닌가. 대머리에 상투 틀기도 어려웠을 터.
정약용은 좁다란 방에서 빈대며 지네 같은 것에 시달렸다.

> 빈대가 살 깨물어 잠을 이룰 수 없고
> 지네가 벽에 다녀 또 다시 놀란다
> 작은 벌레 이빨도 내 푼수가 아닌 줄을 알지니
> 이렇게 생각하고 기꺼이 세상 물정에 따르리
> ──「鬐城雜詩」제23수 〈1801〉

그를 옭아맨 악당들은 차라리 빈대며 지네라고나 할까. 빈대며 지네가 득실거리는 조정이며 관아. 조세와 부역이 무겁고 관리는 멋대로 잔악한 짓을 하여 백성은 편히 살 수가 없었다. 오죽하면 수박조차 심지를 않았을까.

> 호박은 새로이 떡잎이 나더니
> 밤사이 덩굴이 사립문에 얽혀 있다
> 평생토록 수박은 심지 않을 테야
> 못된 아전 놈들 시비 걸라
> ──「長鬐農歌」제4장 〈1801〉

한나절을 장기초등학교 근방에서 어정거리다가 동쪽으로 한

오리는 실히 걸었을까. 장기천을 따라 신창리 바닷가로 나왔다. 내내 속이 더부룩하더니 여기 오니 좀 트이고 배고픈 줄도 알겠다. 정약용도 그랬을 거다. '아아, 묘하도다! 저 작은 바위섬들.' 정약용의 탄성이 귓전을 울리는 듯하다.

> 서남해 바다 물빛 금릉과 인접해서
> 장삿배가 여기 동쪽까지 오는 것은 며칠이면 된다네
> 경뢰(瓊雷:중국의 瓊州海峽)가 보인다는 말 아직 믿지 못하노니
> 빽빽하게 모인 섬들 푸르고 험하구나
> ——「耽城雜詩」제26수 ⟨1801⟩

정약용은 오징어와 백로를 두고 우화시를 지어 시대상을 풍자하기도 하고 해녀를 바라보며 「아가사」라는 시를 지었는데 '아가'란 말을 여기 와서 처음 들었던지, 지방 사람들이 자기 며느리를 가리켜 아가라 부른다고 말했다.

> 몸에 실오라기 하나 안 걸친 아가가
> 짠 바다 들락날락 맑은 연못 같다
> 꽁무니 높이 들고 대번에 물로 들어가서
> 오리처럼 의연히 잔물결을 희롱한다
> 돌던 물결 슬며시 합하니 사람은 보이지 않고

박 한 통만 두둥실 물 위에 떠다닌다
홀연히 머리 내밀어 물쥐와 같더니
휘파람 한 번에 몸이 따라 솟구친다
아홉 구멍 전복은 손바닥 같아
귀한 분 술상에 안주로 올린다
때로는 바위틈에서 방휼이 붙는데
헤엄에 능한 자도 여기선 죽고 만다
슬프다 아가 죽음 어찌 족히 말하랴
벼슬길의 열띤 객들도 모두가 헤엄치는 사람이리

———「兒哥詞」〈1801〉

　방합과 도요새가 서로 물고 놓지 않고 싸우다가 둘 다 어부 한테 잡히고 만다는 방휼지쟁(蚌鷸之爭)이란 말이 있듯이 위태롭기 그지없는 바위틈에서 해녀끼리 붙어 다투다가 종당에는 죽고 만다. 벼슬길에서 열을 올리는 무리들 또한 보자기와 무엇이 다른가.

4. 황사영 백서사건(帛書事件)

　정약용이 장기로 유배된 뒤에도 이른바 신유옥사는 그치지 않았다. 밀입국해서 포교하던 청나라 신부 주문모(周文謨)가 그 해 삼월에 자수했다가 처형당했고, 구월에는 주문모를 도왔던 천주교도 황사영(黃嗣永)이 베이징에 머물고 있던 구베아 교주에게 비단에 쓴 편지를 몰래 보내려다가 도중에 발각되어 또 한바탕 피바람이 일었다. 꽤 긴 이 편지에는 노론 벽파에 의한 노론 시파와 남인의 퇴출 기타 조선의 정치 정세, 신도들의 소개, 주문모 신부가 처형당한 과정 그 밖의 천주교 박해 상황, 포교의 자유를 얻기 위한 방책으로 청나라 황제의 조선 내정 간섭과 많은 서양 함대와 병사를 요청하는 내용 등이 구체적으로 적혀 있었다.

서양함대를 불러들이려 하다니, 땅벌집을 쑤셔 놓은 거다. 조정은 발칵 뒤집혀 분노가 하늘에 닿았다. 황사영은 체포되어 대역죄로 극형에 처해졌고 귀양갔던 사람들도 다시 추국을 받게 되었다. 황사영은 정약용의 백형 정약현(丁若鉉)의 사위였으니 악당들은 옳거니 하고 정약용을 얽어매려 했다.

신유옥사가 벌어지던 지난 봄 사이의 대계(臺啓)는 거의가 홍희운(洪羲運: 洪樂安의 變名) 이기경(李基慶)이 종용한 것이었는데 그들은 이번에도 온갖 계책으로 조정을 위협하여 스스로 대관(臺官)의 벼슬자리에 들어가길 요구하고, 계(啓)를 올려 정약용과 그 외 여러 사람들을 다시 추국하기를 청했다. 정약용만은 꼭 죽이고야 말겠다는 것이 그들의 심보였다. 한편 정약용은 사년 전 서른여섯 살 때(正祖 21, 丁巳, 1797) 곡산부사(谷山府使)로 나가서 선정을 베풀었었는데 때마침 정일환(鄭日煥)이 해서(海西:황해도)에서 돌아와 극력 말하기를, 해서에는 정약용이 그 곳을 떠나고 난 지금까지도 그에 대한 백성들의 칭송이 자자해서 만약 정약용을 죽인다면 반드시 옥사를 함부로 했다고 비방하는 여론이 일어날 것이라 하고, 또 황사영의 공초(供招) 곧 진술에 정약용이 관련된 내용이 없었던지, "진술조서[招辭〈供辭〉]에 나오지 않으면 체포[發捕]하는 법이 없다."라고 하고 영상 심환지(沈煥之)에게 홍낙안 이기경이 올린 계에 대해 움직이지 말 것을 권했다. 그러나 심환지는 이들을 추국할 것을 대왕대비에게 청하니 대왕대비는 윤허했다. 이에 정약용 정약전 이치훈 이관기 이학규 신여권 등이 체포되어 옥에 들어갔다. 위관(委官: 죄인을 推鞫할 때 議政大臣 가운데서 임시로 뽑아 임명하는 재판관)이 정약용에게 '황사영백서'를 보이면서 말하길, "반역의 변이 이 지경에 이르렀으니 조정에서 또 어떤 생각인들 하지 않겠소. 무릇 서양 서적을 한 자라도 본 사람은 죽어 살아남지 못할 것이오."라고 했다. 그러나 이들을 추국해 보니 모두 황사영 일당에 관여한 정상이 없었고 또 여러 대신들도 문서 가운데 정약용이 장기에서 지은 예설(禮說), 이아설(爾雅說), 시율(詩律)을 보았으나 모두 안한(安閒)하고 정밀할 뿐 황사영 무리들과 내통한 흔적이 없었다. 이에 측은하게 여기고 어전에 들어가 무죄함을 고했다. 대왕대비도 그것이 모함이라는 것을 살피고 여섯 사람(정약전 정약용 이치훈 이관기 이학규 신여권)을 아울러 참작하여 석방하라 하고, 호남에 근심이 남아 있으니 정약용을 강진현으로 이배(移配)하여 진정시키라 했다. 근심이란 물론 서교에 대한 근심이다. 정약용을 그 후미진 지역에 유배하여 본때를 보임으로써 그 지방 사람들에게 일벌백계로 삼겠다는 심산이었다.

정약용이 추국을 당하고 있을 때 교리 윤영희(尹永僖)가 정약용의 생사를 탐지하려고 대사간 박장설(朴長卨)을 찾아가 옥사의 사정을 물었다. 마침 홍낙안이 오는지라 그는 옆방으로 피했다. 홍낙안이 말에서 내려 방에 들어가더니 발끈 성을 내어 말하기를, "천 사람을 죽이더라도 정약용 한 사람을 죽이지 못하면 죽이지 않는 것만 못한데 공은 어찌 힘써 다투지 않았소?"라고 하니, 박장설은 "그 사람이 스스로 죽지 않는데 내가 어떻게 그를 죽이겠소."라고 했다. 홍낙안이 나간 뒤에 박장설이 말하길, "답답한 사람이다. 죽일 수 없는 사람을 죽이려고 꾀하여 두 번이나 큰 옥사를 일으키고서 또 나더러 다투지 않았다고 책망하니 답답한 사람이다."라고 했다.

동짓달에 정약용과 정약전이 같이 출옥하여 나주의 율정점(栗

亭店)이라는 한 주막거리에 이르러 형은 현산(玆山: 흑산도)으로 아우는 강진으로 갈렸다. 이 율정의 이별이 이승에서 그들 형제의 마지막이 되고 말았다.

5. 인생의 비태에 정명이 없다고 할 수 있겠는가

　정약전은 적거(謫居) 십육 년 만에 흑산도에서 세상을 뜨고(59세, 純祖 16, 丙子, 1816. 6. 6), 정약용은 그로부터 이태 뒤인 쉰일곱 살에 해배되어 고향 소내로 돌아가긴 했지만,(純祖 18, 戊寅, 1818. 9. 15〈14〉) 지병은 낫지 않았고 살림은 곤궁했다. 향리에 돌아와 보니 그를 죽이려 했던 서용보가 서쪽 이웃에 물러나 살고 있었는데 하루는 사람을 보내어 정약용을 위로하고 친절한 뜻을 표했다. 그러나 그런 말이 겉으로만 인정을 베푸는 척하는 이른바 허덕색(虛德色)인 줄을 아는 데는 그리 오래 걸리지 않았다. 이듬해(純祖 19, 己卯, 1819) 겨울에 조정에서 경전(經田)하는 일에 정약용을 쓰려는 논의가 이미 결정이 되었는데도 서용보가 나서서 극력 저지하는 바람에 허사가 됐다. 서용보는 무슨 억하심정이었을까? 정약용이 강진에 유배된 지 삼 년(純祖 3, 癸亥, 1803) 겨울에 대왕대비가 특명으로 정약용과 채홍원을 석방하려 했을 때에도 상신(相臣)이었던 서용보가 저지했었다. 이런 일을 겪어 오면서 정약용은 무엇을 생각했을까. 시대와 사물의 추이, 나아가고 물러나는 때가 정해져 있다고 생각했을까. 그의 말을 들어 본다.

> 당초 신유 년(순조 1, 1801) 봄 옥중에 있을 때 하루는 시름에 겨워 있는데 꿈에 한 노부(老父)가 꾸짖기를 "소무(蘇武)는 십구 년을 인내했는데 지금 그대는 십구 일의 고통을 못 참는가?"라고 하였다. 출옥하여 헤아려 보니 옥에 있은 지 십구 일이었고 또 향리로 돌아와서(純祖 18, 戊寅, 1818. 9. 15) 헤아려 보니 경신년(正祖 24, 1800)의 유락으로부터 또 십구 년이었다. 인생의 비태(否泰)에 정명이 없다고 할 수 있겠는가?[人生否泰可曰無定命乎]
>
> ──「自撰墓誌銘 集中本」

믿는 것과 아는 것은 다르다. 정약용은 정명을 믿었을 뿐 알지는 못한 것 같다. 그의 저술 어디를 살펴봐도 명리를 알고 있는 어떤 흔적도 발견할 수 없을 뿐만 아니라, 그의 나아가고 물러남이 시지즉지(時止則止) 시행즉행(時行則行)이라 할 수 없고 지지지지(知止止之) 지종종지(知終終之)를 못했기 때문이다. "두 소씨(漢의 疏廣과 疏受)는 기미를 보고 인끈을 푸니(벼슬을 버리니) 누가 핍박하랴!"[兩疏見機 解組誰逼]라는 『천자문』의 이 말을, 그 뜻은 삼척동자도 알만 하지만 친하의 숙유(宿儒)로서도 이를 몸소 실행하기는 쉽지 않았던 모양이다. 내가 그를 조선조 제일의 학자로 인정하는 견해에 전혀 이의를 갖지 않으면서도 그에 대해 마음 한 구석에 늘 허전함을 느끼는 것은 그 까닭이 여기에 있다. 사람들은 낙천지명이란 말을 너무 쉽게 하는 것 같다.

정약용은 본디 전원을 사랑하는 것만큼이나 현실 참여를 기구했던 사람이 아니었나 싶다. 유배 중에 쓴「두 아들에게 보이는 가계」[示二子家誡](嘉慶庚午, 純祖 10, 1810. 首秋書于茶山東菴)라는 글에서 "나는 지금 이름이 죄적(罪籍)에 있으므로 너희들을 시골에서 숨어 살도록 했지만 장차의 계획은 오직 왕성(王城)의 십리 안에 살도록 하는 것이다. …… 만약 하루아침의 분노를 못 이겨 발끈해서 먼 시골로 이사해 버리는 사람은 천한 무지렁이[氓隷]로 끝나고 말 것이다."라고 한 말은 무엇을 뜻하는가. 국제간의 문물 교류가 신속하지 못했던 시대라 도성 가까이에 살아야 선진 문물을 일찍 접할 수 있다는 것이 표면적 취지였지만 그 취지란 결국 현실 참여의 정신에 기인한 것이었다고 본다. 해배 후 그는 다짐하길, 은거하면서 경서에 잠심할 거라고 했지만(『歸田詩抄』) 그의 은일은 번번이 좌절을 당한 뒤의 선택이요,

체념이 아니었던가. 부가를 타고 북한강을 오르내리며 오리처럼 살리라던 그 꿈 또한 이런 맥락으로 나는 이해한다.

6. 뜻은 한계와 곡운 사이에 있었다

부가를 타고 북한강을 소요하리라던 그 꿈은 진갑이 되던 해(純祖 23, 癸未, 1823)에 이루어졌다. 진갑(6월 16일)을 두 달 앞두고 그 해 사월 십오일에 장남 학연이 그 아들 정대림(정약용의 장손)을 데리고 춘천으로 납채를 하러 갈 때 동행한 것이지만 정약용은 "뜻은 한계와 곡운 사이에 있었다."[意在寒溪谷雲之間也]라고 토로했듯이 정작 사월 십구일의 납채례에는 참석치 않았다.

정약용은 아들과는 따로 넓은 어선 한 척을 구하여 지붕 있는 집으로 꾸몄다. 문설주에는 '산수록재'(山水綠齋)라는 편액을 손수 쓰고 좌우의 기둥에는 "장지화가 초계와 삽계에 노닐던 취향이요, 예원진이 호수와 묘수에서 노닐던 정취라."[張志和苕雪之趣 倪元鎭湖泖之情]는 대련(對聯)을 강 건너 은거하던 신작(申綽)에게 청하여 예서체로 써서 붙였다. 정학연의 배에는 "황효수와 녹효수 사이에 노닌다."[游於黃驍綠驍之間]라 쓰고 기둥에는

"물에 떠다니면서 사는 배."[浮家汎宅]라는 글과 "물에서 자고 바람을 먹는다."[水宿風餐]라는 글을 써 붙였다. 그리고 병풍, 휘장, 담요, 이불 등의 장구와 붓, 벼루, 서적 등에서부터 약탕기, 다관(茶罐), 반상기, 국솥 따위에 이르기까지 모두 갖추었다. 화공도 데리고 가서 "물이 궁하고 구름이 이는 땅이며 버들이 어둑하고 꽃이 환한 마을."[水窮雲起之地 柳暗花明之村]과 같은 경승지를 만나면 제목을 정하고 그림을 그릴 계획이었으나 초빙해 온 화공 방우탁(方禹度)이 한질(寒疾)이 나는 바람에 동행치 못했다. 이때 해배되기 사년 전(純祖 14, 甲戌, 1814)부터 사단(四端)을 놓고 그와 일곱 차례나 격론을 벌였던 성리학자 이재의(李載毅)도 함께 배를 탔다. 사월 보름날 아침에 소내의 사라담(鈔鈔羅潭)에서 출범하여 열이레에 소양정 아래에 정박하고, 엿새 동안에 걸쳐 소양정 부근과 곡운(谷雲)의 아홉 골짜기를 돌아보고, 스무나흘 아침에 소양정 아래에서 귀범 길에 올라 스무닷샛날에 사라담으로 돌아왔다. 이것이 기록에 나오는 부가 유람의 처음이자 마지막이었다.(「汕行日記」)

이때 당색과 학풍이 그와 다른 신작에게 배에 달 영련(楹聯)의 글씨를 청한 것이라든가 논쟁자 이재의와 열흘 동안이나 한 배에서 침식을 같이 한 것을 보면, 경계를 긋지 않는 그의 실사구시의 정신이 번득이고 당파성을 떠나려 한 그의 금도(襟度)며 국량이 대인답다. 국량이 작다고 한 형의 젊은 날의 충고를 형이 세상을 뜬 지 오랜 세월이 흐른 뒤에도 가슴 깊이 새겨 두고 외로이 늙어 가는 아우의 만절(晩節)이 너무나 아름답다.

  오늘 어디 갔었느냐고 누가 묻는다면 나는 답은 않고 멀거니 바라보며 마음속으로만, 장기에서 지은 정약용의 시 한 수를 읊을 것이다.

> 막다른 골목에서 이 마음 좁아질까 봐
> 바다 쪽 사립문에 우두커니 서 있네

窮途只怕胸懷窄
臨海柴門竚立遲 ——「自笑」抄 〈1801〉

5. 바다가 하는 말

나는 지금 우암(尤庵) 송시열(宋時烈) 사적비 앞에 서 있다. 소시열 사적비 옆에는 다산(茶山) 정약용(丁若鏞)의 사적비도 있다. 포항시 남구 장기면 마현리의 장기초등학교 교정이다.

조선조 때만 해도 장기에서 귀양살이 한 사람이 송시열과 정약용 이외에도 열다섯 사람이나 된다고 한다.

송시열이 유배된 것은 이른바 예송(禮訟) 때문이었다. 1659년(己亥), 효종이 죽자 대왕대비인 자의대비(慈懿大妃:인조의 繼妃인 趙氏)의 복상(服喪) 기간을 놓고 집권파인 송시열 등 서인의 기년설(朞年說)과 윤휴(尹鑴) 등 남인의 삼년설 사이에 논쟁이 벌어졌는데 서인의 기년설이 채택되었다. 그러나 허목(許穆)에 이어

윤선도(尹善道) 등 남인이 다시 들고 일어나 기년설의 부당함을 주장하자 서인과 남인 사이의 논쟁은 급기야 당쟁이 되고 말았다. 윤선도는 삼수(三水)로 유배되었고 서인의 정치적 기반은 더 공고하게 되었다. 이 예송을 1차 예송 또는 기해예송(己亥禮訟)이라고 한다.

그 뒤 1674년(현종 15년, 甲寅), 효종의 비(妃)인 효숙왕대비(孝肅王大妃, 仁宣大妃張氏)가 죽자 또 자의대비의 복상 문제를 두고 서인은 대공설(大功說)을 주장하고 남인은 기년설을 주장하여 논쟁이 벌어졌다. 현종비의 장인인 김우명(金佑明)과 김석주(金錫冑)는 서인이었지만 남인의 기년설에 동조하고 나섰다. 송시열을 제거하고 정권을 잡기 위해서였다. 이번에는 남인의 주장이 가납되어 남인이 정권을 잡게 되었다. 그러한 분란 중에 현종이 갑자기 죽고, 어린 숙종이 즉위했다. 진주 유생 곽세건(郭世楗)이 송시열을 규탄하는 상소를 올렸다. 기해예송에서 송시열이 예를 잘못 적용하여 효종과 현종의 적통을 그르쳤다는 주장이었다. 숙종은 이 상소를 받아들였다. 현종의 묘지명에 그 사실을 기록토록 하고 송시열을 덕원부(德源府)로 정배했다. 서인들은 송시열을 구하려고 상소를 올리고, 남인들은 송시열과 그를 비호하는 서인들까지 모조리 처벌하려고 들었다. 마침내 서인이 물러나고 남인이 세를 얻게 되었지만 복제문제 때문에 당쟁은 끊이지 않았다. 이에 숙종은 1679년 음력(이하 음력) 삼월, 앞으로 예론으로써 말썽을 부리거나 상소를 올리는 자는 역률(逆律)로써 다스리겠다고 했다. 이로써 2차 예송은 끝났다. 이 2차 예송을 갑인예송(甲寅禮訟)이라고 한다.

숙종 원년(1675) 윤오월, 예순아홉 살의 노골 송시열은 덕원에서 장기현으로 이배되어 유월에 마산리(마현리)에 위리안치(圍籬安置)되었다고 비문에 적혀 있다. 이 해우(海隅)의 벽촌이 이미 울타리이겠는데 위리안치라 했으니 정말 가시 울타리 안에 가두었단 말인가. 가시 울타리 안에 갇혀 그는 무슨 생각을 했을까. 성리학 또는 성리학적인 명분을 내세워 냉혹하게 반대 세력을 척출했던 그가 성리학적 이념이 한낱 스콜라적 논쟁거리로 투색(渝色)되어 버린 그 시점에서도 여전히 그 이념을 내세워 반대파를 몰아낼 궁리에 절치부심하고 있었을까. 목계(木鷄)와도 같은 천하무적의 싸움닭이 되려고 내공을 닦고 있었을까. 이때 동생들과 측실(側室)과 노복들도 대동했으며 나중에는 아들, 손, 증손까지 함께 살았다고는 한다. 그러나 부인 이씨의 상을 당했을 때도, 장녀의 부음을 들었을 때도 멀리서 통곡만 했던 궁조(窮鳥) 송시열. 여기서 약 4년을 보낸 뒤 숙종 오년(1679) 사월 초열흘에 일흔세 살의 노구가 다시 거제도로 이배되었다.[2]

---

2) 거제면 동상리 반곡 골짜기에서 약 1년 2개월 동안 귀양살이를 했다.

송시열이 장기를 떠난 지 122년 뒤, 같은 마을에 정약용이 귀양살이하게 되었다.

정조가 승하하자 왕세자가 너무 어려서 영조의 계비 정순왕후 김씨가 대왕대비로 수렴청정을 하게 되었다. 지난날 정순왕후와 결탁하여 사도세자 참사를 획책했던 노론 벽파(僻派)는, 정조의 비호 아래 사도세자 사건에 연민의 정을 가졌던 노론 시파(時派)를 제거했다. 정권을 장악한 노론 벽파는 반대 정치세력인 남인을 몰아내는 것을 급선무로 정했다. 그러던 차에 그 해 섣달에 남인 천주교도들(崔必悌, 吳玄遠, 趙東遠, 李箕延 등)이 서울과 양근(陽根) 충주(忠州) 등지에서 잡혔다. 위정척사(衛正斥邪)를 내건 노론 벽파가 남인을 제거할 명분이 생겼다. 이듬해(純祖 1, 辛酉, 1801) 정월 열하룻날에 정순왕후 김씨의 "코를 베어 멸망시키겠다."는 '사학금압하교'가 내려지고 천주교도들에 대한 수색이 더욱더 심해졌다. 다급한 남인 신도들은 증거를 숨겼으나 그 달 열아흐렛날에 한성의 포교가 붙잡은 어떤 사람의 농 속에서 천주교 교리서, 성구(聖具), 신부와의 교환 서찰, 대여섯 사람의 왕복 서찰들이 나왔다. 그 서찰 가운데는 정약용 집안의

1680년 경신대출척(庚申大黜陟)으로 남인이 실각하게 되자 중추부영사로 기용되었다가 1683년 벼슬에서 물러났다. 1689년 왕세자가 책봉되자 이를 시기상조라 하여 반대하는 상소를 했다가 제주도에 안치되고 이어 국문을 받기 위해 서울로 오던 도중 정읍(井邑)에서 사사(賜死)되었다.

서찰도 들어 있었다.

정약용은 이 책롱에 관한 일을 정월 그믐날에서야 이유수(李儒修) 윤지눌(尹持訥)이 서찰로 알려주었으므로 급히 말을 달려 도성으로 돌아와 명례방(明禮坊: 지금의 명동 일대)의 자택에 머물면서 사태를 주시하고 있었다.

그 해 이월 초여드렛날에 양사(兩司)가 계를 올려 이가환 정약용 이승훈을 국문하기를 청했다. 정약용은 그 이튿날 새벽에 체포되어 입옥되었다. 그의 두 형 정약전 정약종과 이기양 권철신 오석충 홍낙민 김건순 김백순 등이 차례로 옥에 들어갔다. 그런데 그 문서 더미 속에는 정약용이 그의 셋째 형인 정약종에게 보낸 서찰도 들어 있었는데, "화색(禍色)이 박두하였으니 사학(邪學)을 믿으라고 꾀는 자가 있으면 내가 손수 칼로 찌르겠습니다."라는 것과 같은 정약용이 누명을 벗을 만한 증거가 많았으므로 곧 형틀을 벗고 일단 석방되어 금부 안에서 처분을 기다리고 있었다. 여러 대신들이 모두 백방하기를 의논하는데 오직 서용보(徐龍輔) 혼자 불가하다고 고집했다. 이 책롱사건이 터지자 얼씨구나 하고 차제에 정약용만은 꼭 죽여 없애려고 한 것이 서용보의 심보였다. 이때 악당들은 흩어진 문서 더미 가운데서 '삼구(三仇)의 설'(西敎에서 착한 일을 못하게 방해하는 육신, 세속, 마귀의 세 가지를 원수에 비겨 이르는 말)을 찾아내어 억지로 정(丁)

씨 집 문서로 정하고 무함하여 드디어 정약종에게 극률을 가함으로써 정약용의 재기의 길을 막았다. 결국 정약용은 장기현으로, 정약전은 신지도(薪智島)로, 이기양은 단천(端川)으로, 오석충은 임자도(荏子島)로 정배(定配)되었지만 정약종과 나머지 사람들은 중형을 면치 못했다. 이른바 신유옥사(辛酉獄事/辛酉邪獄)다.

정약용이 장기에 도착한 날이 순조 원년(辛酉, 1801) 삼월 초 아흐레였다. 봄을 나자 중풍에 걸려 왼쪽 다리에 늘 마비 증세가 왔다. 마음에 이미 화살을 맞았는데 다리마저 절름거리는 신세가 되었다. 그 해 시월에 황사영(黃嗣永)의 백서사건(帛書事件)이 터지자 정약용은 다시 도성으로 압송되어 추국을 받았다. 정약용은 이 사건과 무관함이 밝혀졌으나 동짓달에 강진으로 정배되었다. 정약용이 여길 떠난 날이 시월 스무날이었다고 비문에 적혀 있으니 이곳에 머문 날짜는 온 날 간 날을 다 합쳐서 219일이다. 비문에서 220여 일이라 한 것은 착각이라 여겨진다.

정약용은 싸움닭이 아니었다. 묵자(墨子)가 만들었다는 목연(木鳶) 같은 비행기를 만들고자 했던 사람이었는지도 모른다. 거중기(재래식 기중기)를 만들고 수원성을 축조한 과학적 두뇌가 비행긴들 왜 만들고 싶지 않았을까. 정조 임금의 지우를 받고 눈썹을 치키며 금마옥당(金馬玉堂) 사이를 누빌 때에도 다만 재기와 과단성이 조금 모가 났을 뿐이다. 두루뭉실하고 능글능글한 무리들과 기질적으로 맞지가 않았던 것 같다. 굳이 꼬집는다면 대방무우(大方無隅)의 경지가 되지 못했다 할까. 정치 정세가 노론 벽파의 세상이 되자 모가 난 그의 지성은 그들의 쇠망치를 맞았을 뿐이다. 달팽이의 두 뿔 위에서 만씨와 촉씨가 싸운다는 칠원리(漆園吏)의 가설처럼 하찮은 당파 싸움을 유배지에서 깊이깊이 생각타가 분하고 억울해서 울기도 했다.

> 만촉 싸움 분분하여 각각 한쪽으로 치우치고
> 객창에서 깊이 생각하니 눈물이 흐른다
> 산하는 옹색하여 고작 삼천린데
> 비바람 서로 싸워 이백 년이다
> 길 잃고 슬퍼한 영웅 한없이 많고
> 밭을 두고 싸우는 형제 언제나 부끄러움을 알까
> 하 넓은 은하수 퍼내어 씻어 내리면
> 밝은 해 밝은 빛이 온 누리에 비치리 ——「遣興」〈1801〉

만촉지쟁(蠻觸之爭) 같은 당파 싸움의 여파는 이 후미진 해곡(海谷)에까지도 미쳤다. 툭하면 유배지가 되다 보니 오히려 다른 지방보다 조정 정세에 더 민감했던 것 같다. 정약용이 장기에서 지은 「기성잡시」(鬐城雜詩) 한 수를 옮겨 본다.

    죽림서원이 마산촌 남쪽에 있는데
    대나무 느릅나무가 궂은비에 젖었다
    멀리서 온 납촉을 주어도 받지 않더니
    마을 사람들은 아직도 송우암만 들먹인다.

주림서원은 송시열이 이곳을 떠난 지 이십구 년 뒤에 발의가 되어 세웠는데 지금은 폐허가 되었다.

정약용은 남인이었는데 신유옥사(辛酉獄事)를 일으킨 노론 벽파는 아득히 노론의 우두머리 송시열에 닿아 있다. 게다가 '천주쟁이'로 몰린 정약용을 이곳 사람들인들 얼른 가까이 하려 했겠는가. 정약용이 선물로 동네 사람에게 납촉(蠟燭: 밀랍으로 만든 불켜는 초)을 내밀었으나 받지 않았을 때 그 심정이 오죽했을까.

송시열과 정약용. 사람이 때를 몰랐던가, 때가 사람을 몰랐던가. "너희들은 탓하지도 말고 원망하지도 말거라, 생사는 사람의 뜻대로 되지 않는 법이다."[汝曹休咎怨 生死匪人爲]라는 말은 송시열이 장기에 있을 때 여러 손자들에게 시를 지어 보인 말이요, "인생의 비태에 정명이 없다고 할 수 있겠는가?"[人生否泰可曰無定命乎]라는 말은 정약용이 18년 귀양살이가 끝난 뒤에 『자찬묘지명(집중본)』에서 한 말이다. 송시열과 정약용은 하늘에 순응하고 정명을 기다렸을까. 그렇다 하더라도 그것은 화를 당한 뒤였을 뿐이다. 나아갈 줄은 알고 물러날 줄은 몰랐다. 그들은 앞만 보고 달리는 개울이요 시내며 강이었다.

마현리에서 장기천을 따라 동쪽으로 한 오리쯤 걸었을까. 신창리 바다다. 바다는 오직 모걸음을 걸을 뿐 앞만 보고 달리지는 않는다. 청탁을 묻지 않고 만수(萬水)를 마다하지 않는다. 분별과 대립과 갈등과 집착을 넘어섰다. 일미(一味)다. 송시열과 정약용한테 바다는 이런 말을 했을 것 같다. "옆으로 가고 흐르지 않으며 하늘을 즐기고 명을 안다."[旁行而不流 樂天知命]

나는 집으로 돌아갈 것을 깜빡 잊고 있었는데 저 멀리 한 어옹이 낚싯대를 메고 가물가물 멀어져 간다.

6. 들어감과 기다림

 시대를 앞서갔던 것이 죄가 되었던 모양이다. 천주교에 관련되었던 정약용(丁若鏞) 일가는 이른바 책롱사건(冊籠事件)에 휘말려 풍비박산이 되었다. 그의 셋째 형인 약종(若鍾)은 나중에 옥사하고, 둘째인 약전(若銓)은 신지도로, 막내인 그는 장기로 유배되었는데, 그 해 다시 황사영의 백서사건(黃嗣永 帛書事件)이 터지자 약전, 양용 두 형제는 다시 끌려와 투옥되었다가 같이 옥에서 나와 다시 정배되었다. 나주의 북쪽에 있는 율정점(栗亭店)이라는 한 주막거리에 이르러 동짓달 찬바람에 시린 손을 맞잡고 서로 헤어져 형은 서쪽 현산(玆山: 흑산도의 옛 명칭)으로 동생은 남쪽 강진으로 장사(長沙)의 길을 떠나야 했다.

형제는 유배지에서 각각 새로운 호를 갖게 되는데, 약용은 다산동암(茶山東菴)을 지었던 강진의 다산(茶山)이란 지명이 호가 되었고, 약전은 손암(巽菴)이란 호를 쓰게 되었다. 다산이란 호는 정작 정약용 자신은 한번도 쓴 적이 없었고, 다른 사람들이 그렇게 불렀을 뿐이다. 정약용의 호는 본디 사암(俟菴)이라 했다. 기다린다는 뜻이다. 훗날 다산이 지은 손암의 묘지명에서 '손암'의 손(巽)이란 입(入)이라 했다.(『周易』「說卦傳」에서 '巽爲入'이라 했다) 손암이라는 호로써 약전은 진작 모든 걸 체념했을까. 순명(順命)의 뜻이었으리라.

두 선각자가 서로 헤어져 귀양살이를 하게 되지만, 손암은 술을 더 많이 마시게 되었고 다산은 강진으로 이배되기 몇 달 전에 중풍에 걸렸었는데 강진에 가서 증세가 우심해졌던 모양이다. 왼쪽 다리는 늘 마비 증세를 느끼고 머리 위에는 언제나 두미협(斗尾峽: 한강 상류의 강 이름) 얼음 위에서 잉어를 낚는 늙은이의 솜털 모자를 쓰고(다산의 초상화는 마땅히 새로 그려야 한다. 솜털 모자를 쓴 모습이라야 다산의 가장 고통스러울 때의 모습에 핍진하다. 그리고 모자를 쓰지 않을 때는 대머리로 그려야 옳다.) 입가엔 침을 질질 흘리며 혀가 굳어져서 말조차 어긋나 목숨이 길지 않을 것을 자신이 알고 있으면서도 밖으로만 치닫고 있다고 손암에게 드리는 서찰에서 다산은 스스로 토로했다. 그런 몸으로 밤낮없이 저술에만 몰두했다. 형은 그런 동생이 안쓰럽고 보고파서 일구월심 만나야겠다고 애를 태웠다. 그렇게 13년이 흐른 뒤 손암은 어렵게 내흑산(內黑山) 우이보(牛耳堡)까지 나왔지만 강준흠(姜浚欽)이란 자가 상소하여 형제의 상봉을 끝내 저지했다. 이때 다산 또한 이름조차 우이보와 형제 같은 우이봉(牛耳峰)이라고 불리는 강진읍 뒷산에 올라 아득히 현산 쪽을 바라보며 형님 생각에 눈물을 흘렸다. 형은 우이보에서 아우는 우이봉에서 한없이 울었다. 손암은 우이보에서 3년을 기다리다 끝내 한을 품고 금릉(金陵)의 고혼이 되고 말았다.(순조 16, 병자, 1816, 음력 6. 6) 시대를 앞서 간 것이 이토록 죄가 되다니…. 율정점에서 서로 나뉘어 귀양살이한 지 16년째, 손암의 나이 59세가 된다.(다산 55세) 다산은 곧바로 두 아들에게 이런 서찰을 띄웠다.(음 6. 17)

  외로운 천지 사이에 다만 우리 손암 선생만이 나의 지기였는데 이제는 잃어 버렸으니, 앞으로 터득하는 바가 있더라도 어느 곳에 입을 열어 함께 할 사람이 있겠느냐. 나를 알아주는 이가 없다면 진작 죽는 것만 못하다. 아내도 나를 알지 못하고, 자식도 나를 알지 못하고, 형제 종족들이 모두 나를 알아주지 못하는 처지에 나를 알아주던 우리 형님이 돌아가셨으니 슬프지 않으랴! 경집(經集) 240책을 새로 장정해서 책상 위에 놓아

두었는데 내가 그것을 불살라 버려야 한단 말이냐. 율정(栗亭)의 이별이 마침내 천고에 견디기 어려운 애절한 슬픔이 되다니…… 집안에 대덕(大德)이 계셔도 그 자식이나 조카들조차 알지 못하니 원통하지 않느냐! 선대왕(정조)께서 신하를 아심이 밝아서 늘, "형이 동생보다 낫다."라고 하셨다. 아! 성명께서는 아마도 형님을 아셨다.

형의 죽음이 참으로 애통한 까닭을 다산은 이렇게 말한다.

그처럼 큰 덕과 큰 그릇, 깊은 학문과 정치한 지식을 너희들은 다 알지 못하고 다만 그 오활(迂闊)한 것만 보고서는 고박(古朴)하다고 지목하여 조금도 흠모하지 않았다. 자식이며 조카들이 이와 같은데 다른 사람들이야 일러 무엇 하랴! 이것이 지극히 애통하고 다른 것이야 애통할 게 없다.

손암이 다산에게 어떠한 지기였는가?
강진에 온 지 7년 만에 다산은 『주역사전』(周易四箋: 周易心箋)이라는, 스스로 야광주에 비겼던 불후의 대작을 저술했었는데 이 책에 서문을 쓰면서 손암은 너무나 벅찬 감개를 주체하지 못했다.

…… 만년에 바닷가(강진)로 귀양을 가서 『주역사해』(주역심전)를 지었는데 나는 처음에는 놀랐고 중간에는 기뻤고 끝에는 무릎이 굽혀지는 줄도 깨닫지 못했다.…… 미용(美庸: 정약용의 字)은 동이(東夷)의 사람이요, 후생의 끝이다. 사승(師承)의 도움도 없었고 홀로 보고 홀로 깨쳤으나 조그만 칼로 가르고 베는 기세가 대를 쪼개는 것과 같다. 구름과 안개가 걷히면 노예도 하늘을 본다. 이제부터는 누가 미용을 삼성(三聖)의 양자운(揚子雲)이 될 수 없다고 말할 수 있으랴! …… 가령 미용이 편안하고 부하고 높고 영화로웠다면 반드시 이런 책을 이루지 못했을 것이다…… 미용이 뜻을 얻지 못한 것은 곧 아우 자신을 위해서 행운이요, 홀로 우리 유학계만 행운인 것이 아니다. 내가 미용보다 몇 살 위지만 문장과 학식은 그의 아래가 된 지 오래다. 거칠고 얕은 말로 이 책을 더럽힐 수 없으나 선배가 영락하면 백세(百世)를 기다리기 어려우니 하늘 아래 땅 위에 이 책을 만든 자는 미용이요 이 책을 읽는 자는 오직 나인데, 내가 또 어찌 한마디 칭찬이 없을 수 있겠는가. 단지 나는 바다 섬에 갇힌 죄인으로 죽을 날이 얼마 남지 않았으니 미용과 더불어 한세상 한 형제가 될 수 있으랴! 이 책을 읽고 이 책에 서문을 쓰는 것으로 또한 족하다. 나는 참으로 유감이 없다. 아! 미용도 또한 유감이 없을

것이다.

선배가 영락하면 백세(百世)를 기다리기 어렵다는 말은 '사암'이라는 정약용의 호에 빗대어 한 말이다. 즉 손암 자신이 죽고 나면 이 책을 후세에 성인이 나와야 알아볼 터인데, 성인을 두고 어찌 백세를 기약하겠는가라는 뜻이다.

'기다리다'라는 뜻을 가진 '사암'이란 말은, "귀신한테 물어도 의심이 없고 백세(百世)로써 성인을 기다려도 미혹되지 않는다."[質諸鬼神而無疑 百世以俟聖人而不惑]라는 『중용』의 한 구절에서 취했다고 담원(薝園) 정인보(鄭寅普)는 말한다. 귀신한테 물어도 의심이 없다는 것은 하늘을 아는 것이고, 백세로써 성인을 기다려도 미혹되지 않는다는 것은 사람을 아는 것이라고 자사(子思)는 부연했다. 백세란 3천년이 아닌가! 3천년 뒤에 성인이 나타나도 다산은 자신의 학문이 미혹되지 않으리라는 도도한 자존심을 자신의 호에 걸었다고나 할까.

불운이 행운이라는 손암의 이 역설에 점두하는 사람은 많을 것이다. 이 저술이야말로 그의 만년 대작 정법삼서(政法三書)인 일표이서[一表二書:經世遺表(初名 邦禮草本, 未完, 56세), 牧民心書(57세 봄), 欽欽新書(58세 여름)]로 표방한 그의 국가개혁 사상의 뿌리가 되었다는 사실을 아는 사람이라면 더욱 그러하다. 오늘날의 학자들이 다산의 국가개혁사상을 논하면서 하나같이, 유배 초기에 확립된 다산의 역학사상이 그의 개혁사상의 뿌리였음을 보지 못하는 것은 참으로 안타까운 일이다.

다산은 다시 형의 묘지명에서 이렇게 말하고 있다.

> 악서(樂書)가 완성되자 형님은, "2천 년 긴 밤의 긴 꿈에서 지금에서야 큰 악(樂)이 정신이 들었다. 그렇지만 악률(樂律)과 음려(陰呂)는 각각 짝을 맞추되 천(天)을 3, 지(地)를 2로 해야 마땅하니, 이를테면 황종(黃鐘)의 길이 8촌 1푼의 3분의 1을 빼고 난 나머지 5촌 4푼이 대여(大呂)이고, 대주(大鏃)의 길이 7촌 8푼의 3분의 1을 빼고 난 나머지 5촌 2푼이 협종(夾鍾)이고, 나머지도 모두 이와 같은 것이니, 십이율(十二律)로 하여금 형세에 따라 차례를 매겨서는 안 된다."라고 하셨다. 내가 형님의 말씀을 조용히 생각해 보니 참으로 바꾸지 못할 것임이 확실했다. 이에 전의 원고를 모두 파기하고 형님의 말씀대로 따랐다.

다산의 저서 가운데 『주역사전』과 더불어 긴 밤에 외로이 빛나는 또 하나의 별이라고나 할 『악서고존』(樂書孤存)의 탄생에 손암의 가르침이 이토록 컸던 것을 아는 사람이 드물다.

다산이 이룩한 학문의 경지가 도저하지만 그 경지를 알아보는 손암의 경지 또한 이에 필적하다 할 만하다. 형제는 참으로 지기였다.

7. 정약용과 황산석의 만남

　　　　　　　　　　정약용(丁若鏞)은 갓 마흔에, 서교 탄압의 과정에서 야기된 책롱사건(冊籠事件)에 연루되어 경상도 장기현(長鬐縣)으로 정배되었다. 장기에 도착한 날이 순조 원년(辛酉, 1801) 음력(이하 음력) 삼월 초아흐레였다. 그때 장기 사람들은 그를 '천주쟁이'라고 가까이 하길 꺼렸다. "처음에는 작은 소리로 소곤거리더니 나중에는 요란스레 떼를 지어 떠든다."고 정약용은 토로했다.(「惜志賦」) 조정은 바야흐로 노론 시파를 제거한 노론 벽파가 정적 남인을 몰아내는 판국이었고 서교에 관계된 사람은 마구 잡아들이던 때였으니 그럴 만도 했다.

　그 해 시월에 황사영(黃嗣永)의 백서사건(帛書事件)이 터지자 정약용은 다시 도성으로 압송되어 추국을 받았다. 정약용은 이 사건과 무관함이 밝혀졌으나 동짓달에 강진으로 정배되었다. 정약용을 강진으로 이배하여 일벌백계의 본때를 보임으로써 호남에 남아 있는 서교에 대한 근심을 진정시키려는 의도에서였다.

강진 사람들의 태도는 장기 사람들보다 더 심했던 모양이다.「상례사전서」에서 정약용은 이런 말을 했다.

> 강진은 옛날 백제의 남쪽 변방으로 땅이 낮고 비열한 풍속이 특이했다. 이때에 이곳 백성들이 유배된 사람 보기를 마치 큰 독(毒)과 같이 해서 이르는 곳마다 모두 문을 부수고 담장을 허물고 달아났다. 한 노파가 나를 가련하게 여겨 머무르게 해 주었다. 이후에 나는 창문을 막아 버리고 밤낮 혼자 외로이 처해서 더불어 이야기할 사람이 없었다. 이에 흔연히 스스로 경하하기를, '내가 여가를 얻었도다.'[余得暇矣]라고 하고…….

정약용은 엄동설한에 살 맞은 궁조(窮鳥)가 되어 이리저리 박해를 당하다가 어렵게 깃들인 곳이 밥도 팔고 술도 파는 한 노파의 집이었다. 이 주막집을 동천여사(東泉旅舍)라고도 했는데 이태 뒤인 계해 년(순조 3년, 1803) 동짓날(11월 10일, 辛丑)부터는 정약용은 자신이 거처하는 방을 사의재(四宜齋)라고 했다. (「四宜齋記」)

정약용은 주막집에 자리를 잡자마자 바로 고독을 기꺼이 여가로 받아들이고 밤낮으로 오직 공부에만 몰입하게 되었지만 외롭고 억울한 심정이야 정약용이라고 달랐겠나.

> 북풍이 나를 날리는 눈처럼 휘몰아쳐
> 남으로 강진의 매반가(賣飯家)에 닿았다
> 요행히 낮은 산이 바다 경치를 가렸고
> 좋게도 장차 대숲이 세월을 짓겠네
> 옷은 장기(瘴氣) 때문에 겨울인데 덜 입고
> 술은 수심이 많아 밤에 다시 더한다
> 한 가지가 겨우 잡념을 사라지게 하나니
> 동백이 이미 납일 전에 꽃을 토했다네

> 北風吹我如飛雪
> 南抵康津賣飯家
> 幸有殘山遮海色
> 好將叢竹作年華
> 衣緣地瘴冬還減
> 酒爲愁多夜更加
> 一事纔能消客慮
> 山茶已吐臘前花 ──「客中書懷」

조금 자리가 잡히자 정약용은 모학(慕學)도 했던 모양이다. 강진에 온 그 이듬해(순조 2년, 壬戌, 1802) 10월 10일, 열다섯 살 소년 하나가 정약용이 거처하고 있는 주막집에 조심스레 얼굴을 내밀고 정약용에게 절을 올렸다. 그가 바로 황산석(黃山石, 戊申生, 1788~1863?)이다. 산석은 아명이다. 뒷날 관명을 상(裳), 호를 치원(巵園)이라 했다.

산석의 비범함을 첫눈에 간파한 정약용은 산석에게 문사(文史)를 공부하도록 권했다. 경학 공부를 권하지 않고 문사를 권한 것은 우선 문리를 터득시키고자 함이었겠지만 정약용의 지인지감(知人之鑑)이 남달랐기 때문이었는지도 모른다. 산석이 머뭇머뭇하면서 부끄러워하는 얼굴빛으로 사양해 아뢰길, 자신은 세 가지 병통이 있다고 했다. 둔하고,[鈍] 막혔고,[滯] 미욱하다[戛]고 했다. 열다섯 살 아이가 자신의 병통을 알고 있다니 경이롭지 아니한가. 정약용은, 이에 대해 그 세 가지 병통은 병통이 아니라 진짜 병통은 따로 있다는 것을 귀에 쏙 들어가도록 설파했다.

공부하는 사람한테 큰 병통이 셋이 있는데 너는 그것이 없다. 하나는 암기에 민첩함이니 그 폐단은 소홀함이요, 둘은 글짓기에 민첩함이니 그 폐단은 부박함이요, 셋은 이해가 빠름이니 그 폐단은 거친 것이다. 무릇 둔하다가 뚫리면 그 구멍이 넓고 막혔다가 소통되면 그 흐름이 세차고 미욱하다가 갈리면 그 빛이 광택이 난다. 어떻게 천착하느냐? 부지런해야 한다. 어떻게 소통시키느냐? 부지런해야 한다. 어떻게 연마하느냐? 부지런해야 한다. 어떻게 해야 부지런해지느냐? 마음을 확고히 다잡아야 한다.[秉心確]

이것이 이른바 정약용의 삼근계(三勤戒)이다. 황상이 지은 「임술기」(壬戌記)(1862)에 나온다. 속수(束脩)한 지 7일 만에 스승으로부터 이 계를 글로 받고 산석은 크게 감동하여 공부에 빠져들게 됐다. 줄탁동시(啐啄同時)였다고나 할까.

어느덧 산석의 시작(詩作)은 춘초일지(春草一枝)가 변화천장(變化千丈)이 되었다. 정약용의 가르침을 받은 지 불과 4년 만에 그의 시는 흑산도에 적거 중인 정약용의 중형 손암 정약전을 깜짝 놀라게 했다. 손암은 정약용에게 보낸 한 서찰에서 이렇게 말했다.

> 황상이 지금 나이가 몇이지? 월출산 아래에서 이런 문장이 나리라고는 생각도 못했다.[黃裳今年幾何 不意月出山下 出此文章]……(황상이) 내게로 오려고 한다니 사람을 놀라게 한다만 뭍사람은 섬사람과 달라 아주 긴한 일이 아니면 가벼이 큰

바다를 건널 수가 없을 것이다. 사람이 살아감에 있어서 귀한 것은 서로 마음을 알아주는 것이지 얼굴을 대하는 데 있겠나? 옛날 현인의 경우도 어찌 꼭 얼굴을 본 뒤에야 그를 사랑했을까? 이 말을 그에게 전해 주어 그의 마음을 안정시킴이 어떨까? 마땅히 그를 더욱 게으르지 않도록 부지런히 가르쳐 그로 하여금 재주를 이루게 하는 것이 어떨까?

인재가 드물어 지금 세상에는 이 같은 사람을 기대하기 어려우니 단연코 마땅히 천만번 사랑하고 보호하여 주어야 할 것이다. 애석하게도 그 처지가 한미하니 이름이 나면 세도가로부터 곤경을 당할까 염려되는군. 사람됨은 어떠냐? 재주 있는 사람은 반드시 근후(謹厚)하지 못한 법인데 그의 문사를 살펴보건대 조금도 경일(輕逸)한 태도가 없는지라 또한 사람됨을 알만 하다. 자회자중(自悔自重)하여 대인군자가 되기를 기하여 권면함이 어떠하겠냐? ──순조 6, 丙寅, 1806, 3월 10일.[3]

고 어린 것이 큰 바다를 건너 흑산도로 들어가려 하다니 황상의 열정은 놀라웠다. 스승으로부터 종종 손암 선생에 대한 이야기를 듣고 스승을 두고도 다시 손암한테로 마음이 쏠렸던 모양이다.

---

3) 원문 : 정민, 『삶을 바꾼 만남』, 서울:문학동네, 2011. 주석 51 참조.

한편 정약용은 계해 년(정약용 42세, 순조 3년, 1803) 늦은 봄부터 무진 년(정약용 47세, 순조 8년, 1808) 가을에 걸쳐 네 번을 고치고 다섯 번을 써서『주역사전』(周易四箋)을 이루게 될 때까지는 밤이나 낮이나 누워서나 앉아서나 오로지『주역』하나에만 전심치지했다.

을축 년(1805) 봄부터 정약용은『주역사전』을축본(乙丑本)을 고쳐 쓰고 있었는데 고성사의 보은산방(寶恩山房)에 와서도 계속했다. 그런 스승 곁을 떠나지 않고 황상은 스승의 수발을 들고 있었다. 그 해 겨울에 황상은 정약용의 차남 정학유(丁學游)와 같이 정약용한테『주역』을 배웠다. 이 무렵 산석이 산석이라는 아명 대신에 '裳'(상)이란 이름을 쓴 것은 아마도『주역』의 한 효사(坤卦 六五)인 '黃裳'에서 딴 것이 아닌가 싶다. 어느 날 황상은, "밟는 길이 탄탄하니 유인(幽人)이라야 곧고 길하리라." [履道坦坦幽人貞吉]라는 이괘(履卦) 구이(九二)에서 마음이 동하여 영탄해 마지않았다. 정약용은 「황상유인첩에 제함」[題黃裳幽人帖]이란 글에서 이 효사(爻辭)를 이렇게 해석했다.

> 간산(艮山)의 아래 진림(震林)의 사이에, 손(巽)으로써 은둔하여 천명을 우러러 순응한다. 혹은 간산에 과일을 심고 혹은 진림에 채소를 심는다. 큰 길을 밟아 탄탄하다. 천작(天爵:하

늘이 내린 덕성)을 즐기며 화락하게 산다.4)

이것은 은사의 넉넉함이요, 유인의 일이니 길하지 아니한가. 그러나 하늘은 매우 청복(淸福)을 아껴서 왕후장상(王侯將相)의 귀나 도주(陶朱: 越의 范蠡의 별명) 의돈(猗頓: 춘추시대 魯의 대부호)의 부는 썩은 흙처럼 흩어져 있지만 이(履)괘 구이(九二)의 길(吉)을 얻은 사람은 아직 세상에 알려진 적이 없다. 옛사람의 기록에, 장차 전원으로 나아가려고 한다고 하였는데, 장차 나아가려고 한다는 것은 분명 나아간 것은 아니다. 탐진의 황상이 그 세목을 물어 왔으므로 나는 다음과 같이 말하였다.

이 글에서 간산(艮山)이라 함은 산이 간괘(艮卦☶)의 물상(物象)이 됨을 뜻하고, 진림(震林)이며 큰길은 수풀이며 큰길이 진

---

4) '艮山' '震林' '巽' '큰 길' 등은 모두 履卦의 之卦(變卦/變體)인 无妄의 互體(互卦)에서 취한 物象이다. 다만 '巽'은 本卦 履의 互體에서도 取象할 수 있다. 變卦에서 取象하여 易을 해석하기로는 정약용보다 宋代의 역학자 都絜가 앞섰지만 정약용은 都絜의 저서를 구해 보지 못해 안타까워했었다.(丁若鏞,『易學緖言』「茶山問答」 참조. 馬端臨, 『文獻通考』, 北京: 中華書局, 1999, p. 1526 참조.) 都絜의 대표적 저술로는 『易變體義』가 있다. 정약용은 '推移' '物象' '互體' '爻變'을 易有四義라 했다. 여기서는 '推移'의 법은 쓰지 않고 있다. 『周易四箋』을 완성하기 전이라서 그렇지 싶다.

괘(震卦☳)의 물상이 됨을 뜻하고, '손(巽)으로써 은둔하여 천명을 우러러 순응한다.'라고 함은 은둔, 천명, 순응이 손괘(巽卦☴)의 의리(義理)가 됨을 뜻한다. 장차 전원으로 나아가려고 한 옛사람의 기록이라고 함은 명말의 황주성(黃周星)이 지은 「취장원기」(就將園記)를 뜻한다. 작자가 장차 나아가려고 한 전원의 모습을 그린 글이다. 정약용이 이 글을 황상에게 보여 주자 황상은 이 글에 감명을 받아 자신도 은둔의 뜻을 담은 글을 지어 스승께 올리면서 장차 전원으로 나아가려면 어떻게 해야 하느냐고 그 세목을 물었던 모양이다. 이에 정약용은 황상의 그러한 절개를 가상히 여기고 그 뜻을 칭찬하면서(丁學游: 「贈巵園三十六韻書」) 은거에 걸맞은 이상적인 주거 공간의 조경과 유한(幽閒) 소쇄(瀟灑)한 기거동정(起居動靜)에 대해 매우 자세하게 전개해서 황상에게 주었다. 이 글이 「황상유인첩에 제함」이란 글인데 글이 너무 길어서 여기에 옮겨 적기에 적절치 않거니와 요컨대 황주성의 「취장원기」가 그러하듯이 일종의 무릉도원을 그려 놓았다고나 할까. 정약용의 치밀한 성품과 정약용 자신이 품고 있는 일민(逸民)에의 동경이 잘 드러난 글이라 하겠다. 뒷날 다산초당을 꾸민 것 또한 이 글과 같은 정신의 발로였지 싶다.

  겨울을 나자 같이 『주역』을 읽던 정학유는 고향으로 돌아가고 정약용은 이듬해 보은산방에서 내려와 이청(李䞢, 字는 鶴來/

琴招, 號는 靑田. 1792~1861)의 집으로 거처를 옮긴 뒤에도 황상은 홀로 산방에 남아 있었던 모양이다. 하루는 황상이 산방에서 스승께 시를 보냈는데 이를 살펴본 정약용은, '꺾어지고 기이하게 굽은' 황상의 시풍이 자신의 기호와 어쩌면 그렇게도 깊이 들어맞느냐고 기뻐하며 황상을 제자로 얻은 것이 행운이라고 마냥 좋아했다. 두 사람의 시가 주로 사회시란 관점에서도 같다. 「애절양」(哀絶陽) 「승발송행」(僧拔松行)같은 황상의 시는 제목까지도 정약용의 시와 똑같다. 황상의 시 한 수를 옮겨 본다.

좋은 관직이 어이 즐겁지 않으랴
노래하고 피리 불며 붉은 치마에 취하네
둥근 탁자엔 온갖 진미가 벌여 있는데
종이 배가 고픈들 사또가 어찌 피곤할까 보냐

好官何不樂
歌管醉紅裙
圓案羅珍味
奴飢主何瘝 ──「聞太守新到」抄

황상이 정약용의 문하에 든 지 7년이 되던 해(1808, 戊辰) 봄에 정약용이 읍내의 이청의 집에서 귤동의 다산(만덕사 서쪽에 있는 처사 尹博의 山亭, 尹博은 정약용의 外族)으로 거처를 옮기는 바람에(1805년 겨울 동천여사에서 보은산방〈고성사〉로, 1806년 가을 이청의 집으로 옮겼다.) 황상은 정약용의 문하에서 멀어지게 됐다. 정학유의 말에 의하면 이 무렵 황상의 부친이 병을 오래 앓은 데다 살림은 가난하고 동생은 어려서 자신이 생계를 책임져야 할 처지였고 결혼까지 하여 여가가 없었다고 한다.(丁學游:「贈巵園三十六韻書」) 그러나 읍내에서는 학동이 주로 신분이 비천한 집안의 자손들이었는데 다산초당으로 옮기고부터는 해남윤씨를 주축으로 한 양반가의 자손들이어서 그들은 아전 출신 읍중 학동에 대해 배타적이었다. 자존심이 강하고 타협을 모르는 고지식한 황상으로서는 그들과는 비위가 거슬려 함께 지낼 수가 없었던 것이 황상의 속내였을 것 같다. 읍중의 여섯 제자 가운데 오직 약삭빠르고 친화력이 뛰어난 이청만이 여기에 합쳤다.

41세의 정약용과 15세의 산석이 사제의 연을 맺은 지 17년 만에 정약용은 해배되어 고향 마재의 소내로 돌아갔다.(57세, 순조 18년〈1818〉 戊寅, 9월)

정약용이 떠나자 황상은 정신적 지주를 잃고 마음을 잡지 못했다. 마침내 집과 전포(田圃)는 아우에게 물려주고 자신은 처자를 이끌고 돈연히 천개산(天盖山: 지금의 天台山)으로 들어갔다. 형편이 곤궁하여 미루어 왔던 전원의 꿈을 이제야 실현하려 한 것이다. 띠를 얽어 집을 짓고 땅을 개간하여 새 밭을 만들었다. 뽕나무를 심고 대나무를 심었다. 샘물을 끌어 소통시키고 돌을 심었다(藝石). 자취를 숨긴 지 10년 만에 대략 작은 포치(布置)를 만들게 됐다.(丁學游:「贈厄園三十六韻書」)

  너무 멀어서 엄두를 못 냈을까, 무심해서였을까, 속이 깊어서였을까, 스승한테 삐치기라도 했는가. 아니면 세 가지 병통이 있다던 그의 말대로 둔하고 막히고 미욱해서였을까. 황상은 다른 제자들과는 달리 참으로 오랜 세월 동안 스승에게 일차 문안도 않고 일편 음신(音信)도 띄우지 않았다. 정약용이 떠난 지 10년 만에 초기에 함께 책을 폈던 그의 사촌 동생 연암(硯菴) 황지초(黃之楚)가 마재로 선생을 찾았을 뿐이다.(戊子, 1828, 11월) 이때 동생 편에 정약용은 이런 서찰을 황상에게 보냈다.

    서로 작별한 지 벌써 십 년이 지났다. 너의 서찰을 기다리지만 서찰이 이승에서는 막힐 것 같다. 마침 연암이 돌아간다기에 마음이 더욱 슬프고 한스러워 따로 몇 자 적는다.
    올해 들어 기력이 전과 같지 않고 그 고생스럽기는 전과 같다. 밭을 갈아도 주림이 그 가운데 있다는 성현의 가르침이 아마도 맞지 않느냐? 너는 틀림없이 학래(鶴來)와 석종(石宗)의 행동거지를 듣고 웃을 것이다. 그러나 한 길로 종신토록 힘쓰며 기꺼이 사슴과 멧돼지와 더불어 노닐더라도 또한 도를 품고 세상을 경륜하는 온축이 없다면 또한 족히 스스로 변하겠느냐? 나의 상황은 연암이 잘 알 것이니 지금 가거든 물어보면 자세히 알 것이다. 준엽(俊燁)은 이미 고인이 되었고 안석(安石)은 아직 서객(書客)으로 있다 하니 하나는 슬프고 하나는 안쓰럽구나! 내가 조석으로 아프다. 부고를 듣는 날에는 군이 모름지기 연암과 함께 산중에서 한 차례 울고는 이야기하며 그치도록 하여라. 무자년 동짓달 열이틀 열수(洌叟) 쓰노라.[5]

 이 서찰에서 석종은 김종(金鍾)의 자(字)이고 학래는 이청의 자이다. 학래와 석종의 짓거리를 듣고 웃었을 거라고 한 걸 보면 두 사람이 스승 정약용에 대해 행티를 부리고 등을 돌린 사건이라도 있었던 모양이다. 스승이 해배되면 스승의 끈으로 과거에 붙어 출세할 거라고 철석 같이 믿었다가 스승이 그럴 처지가 못 되자 스승을 비난하고 배반하게 된 것 같거니와 이 두 사람뿐만 아니라 정약용의 제자들은 닭 쫓던 개 울 처다 보기가 되자 모두가 그로부터 하나둘 멀어져갔다. 정약용의 문도 가운데 경학에는 이청이요, 시문에는 황상이라 할 만큼 이청은 황상과 더불어 쌍벽을 이루었던 정약용의 수제자로서 어려서부터

---

5) 원문 : 정민 전게서, 주석 78 참조.

두뇌가 아주 뛰어났다. 1805년, 하루는 정약용이 열네 살 어린 이청을 이렇게 떠봤다. "대(大)자와 양(羊)자가 합치면 달(羍)자가 되는데 어째서 달(羍)의 뜻을 작은 양[小羊]이라 하느냐?" 스승의 질문이 떨어지자마자, "범(凡)자와 조(鳥)자가 합하면 봉(鳳)자가 되니까 봉을 신령한 새라 일컫습니다."라고 답하여 스승을 감탄케 했다.(「題李琴招詩卷」) 정약용이 1806년 가을부터 1808년 봄까지 거의 2년 동안 읍내 목리에 있는 이청의 집에 머물기도 하였거니와 이청은 스승이 해배될 때까지 오랜 세월을 스승의 그림자처럼 따랐다. 마침내 스승에 대한 섭섭함이 분노로 변했던 거다. 이청이 스승으로부터 등을 돌린 후 추사(秋史) 김정희(金正喜)의 식객 노릇을 하다가 일흔이 넘도록 과거에 낙방하자 우물에 몸을 던져 죽었다고 한다. 정약용이 해배되어 고향으로 돌아갈 때 상당수의 제자들이 부급종사(負笈從師)했다가 돌아간 자도 있고 눌러앉은 자도 있었는데 이청은 스승 곁에 남았던 자다. 이청과 석종의 사건을 상(裳) 너 또한 소문을 들었을 테지라고 정약용은 말한 거다. 정약용은 가슴이 얼마나 아팠겠는가? 제자들은 모두 이해를 따져 다 떠나가는데 오직 황상 하나만이 명리에 뜻이 없고 물외에 자적하여 우직하게도 전일에 스승이 일러 준 대로 유인(幽人)의 길을 걷고 있는 것이 정약용으로서는 더없이 미더웠을 것이다. 그런 제자가 안쓰러워 정약용은, 한 길로 종신토록 힘쓰며 사슴과 멧돼지와 더불어 노닐더라도 세상을 경륜하는 온축을 쌓아야, 벼슬길에 나아가지 못하는 처지일지라도 스스로 인간적인 향상을 이룰 수 있다고 가르친 것이다. 공부의 끈을 놓지 말라는 당부였다.

절절한 그리움이 행간마다 서려 있는 스승의 서찰을 받고도 오랜 세월이 지나도록 황상은 묵묵히 있었다. 오늘날의 시각으로 본다면 황상은 너무나 둔하고 매정한 사람으로 보일 거다. 정약용이 그에게 누군가. 황상의 무심을 꾸짖는다 해도 변명할 말이 없다. 그러나 나는 여기서 도리어, 스승에 대한 그의 깊은 경모와 드레진 인품, 그리고 요즘 세상에서는 볼 수 없는 사제 간의 돈독한 믿음에 대하여 진한 향수를 느낀다.

스승의 서찰을 받고도 다시 8년이 지난 뒤 머리가 희끗희끗해진 49세의 초로가 되어서야 황상은 스승의 생전에 마지막이 되겠다 싶은 생각으로 두릉(斗陵) 곧 마재의 소내로 스승을 찾아갔다. 스승을 떠나보낸 지 18년 만이었다. 스승의 회혼일(回婚日/결혼: 15세, 영조 52년, 丙申, 1776)인 2월 22일에 맞춰 며칠 앞당겨 갔지만 75세 고비늙은 정약용은 신양이 매우 침중해서 회혼 잔치를 벌일 수가 없었다. 다만 18년 만에 사제가 만나 서로 손을 맞잡고 스승도 울고 제자도 울었다. 며칠 스승의 병구완을 들다가 스승과 제자가 눈물로 작별할 때 정약용은 『규장전운』(奎章全韻) 한 권, 중국 붓 한 자루, 중국 먹 한 개, 부채 한 자루, 담뱃대와 그 부속품[煙杯一具], 노비(路費) 두 냥을 황상에게 주었다.6) 작별한 지 며칠이 되지 않아 정약용은 운명했다.(향년 75세) 이때가 헌종 2년(丙申, 1836) 2월 22일이었으니 공교하게도 정약용이 결혼한 날짜와 일치한다. 도중에서 스승의 부음을 접한 황상은 곧장 되짚어 돌아가 스승의 영전에 예를 올리고 상복을 입은 채 강진으로 갔다.

그로부터 9년이 지난 뒤 헌종 11년(乙巳, 1845) 3월에 58세의 황상은 스승이 준 쥘부채를 쥐고 18일 동안 줄곧 걸어서 두릉(斗陵)으로 갔다. 발에는 굳은살이 박이었고 얼굴은 검었다. 뜻밖에 황상을 맞은 정약용의 두 아들 정학연 정학유는 너무 반가워 어쩔 줄을 몰랐다. 세 사람은 서로 손을 잡았다. 등잔 아래 정좌(鼎坐)하여 옛 얘기를 했다. 지난 세월은 참으로 꿈과 같았다. 늙은 정학연은 떨리는 손으로 황상의 부채에 시를 써 주었고 정학유와 황상이 그 시에 차운했다. 세 사람은 양가의 아름다운 인연을 자손 대대로 이어나가자고 굳게 다짐하고 이것을 글로 남겼다. 이것이 「정황계」(丁黃契)이다.(丁學淵:「丁黃契帖」/「丁黃契帖序」)

이때부터 이들 사이에는 남북 천리 길에 시문이 오고 갔다.

---

6) 정민, 전게서 PP. 405~406 참조.

마침내 정학연의 소개로 황상은 추사 김정희의 지우를 받게 되고 그로부터 "지금 세상에 이런 시작(詩作)은 없다."[今世無此作]라는 찬탄을 받게까지 이르렀다. 정학연이 황상에게 보낸 서찰의 별지를 보면 황상을 그리는 추사의 마음을 읽을 수 있다.

    시편에 관련된 것입니다. 추사가 이런 말을 하더군요. "제주도에 있을 때 한 사람이 시 한 수를 보여주었는데 다산의 고제(高弟)인 줄 불문가지였습니다. 그래서 그 이름을 물었더니 황 모(某)라 하더군요. 그 시를 음미해 보니 '두보의 골수에 한유의 뼈'[杜髓而韓骨]였습니다. 다산의 제자들을 두루 헤아려 보아도 이청 이하 그 누구도 이 사람을 대적할 자가 없었습니다. 또 들으니 황 모는 시문이 한당(漢唐)에 가까이 대했을 뿐만 아니라 그 사람됨이 당세의 고사(高士)라 할 만해서 비록 옛날의 은일(隱逸)도 이에 더할 수가 없다고 하더군요. 이에 (해배되어) 육지로 나와 그를 방문했더니 상경했다더군요. 그래서 시름없이 바라보며 돌아왔는데 지금 서울에 오니 이미 고향으로 돌아갔다 하네요. 제비와 기러기가 서로 어긋나는 것 같아서[燕鴻相違] 혀를 차며 난감해할 뿐입니다."
    그 사이에 추사와는 두 차례 만났는데 번번이 칭찬해 마지않았습니다. —— 丁學淵:「酉山書別紙」

헌종 14년(戊申, 1848) 12월 6일에 추사가 제주도에서 해배되어 이듬해 1월에 서울로 돌아왔던 그 무렵의 일이었다. 이때 추사는 64세, 황상은 62세였다. 황상은 다시 상경하여 추사를 만나게 되었다. 이로부터 정학연 정학유 등 정약용 일가의 인사들 외에 추사와 그의 아우 김명희(金命喜), 권돈인(權敦仁), 초의선사(草衣禪師), 허련(許鍊) 등 추사의 일문(一門)과도 한동안 어울리게 되었을 뿐만 아니라 정약전이 우려했던 바와는 달리 이름이 난 뒤에도 세도가로부터 곤경을 당하는 일은 없었다. 이 무렵 황상은 이런 시를 남겼다. "나 과천에 있으면 두릉이 그립고, 두릉에 가면 과천의 등불이 생각난다."[我在果川憶斗陵 斗陵還憶果川燈—「斗陵憶果川」] 과천에는 김정희의 과지초당(瓜地草堂)이 있고 두릉에는 정약용의 여유당(與猶堂)이 있다.

황상의 작시(作詩)가 대성할 수 있었던 것은 무엇보다도 그의 재질과 사승(師承)에 원인이 있었겠지만 그의 끈기가 남달랐기 때문이었으리라.

황상은 일흔이 넘은 나이에도 한결같이 독서를 하면서 스승이 생전에 가르쳐 준 대로 중요한 대목을 베껴 쓰는, 이른바 초서(鈔書)하는 버릇을 잊지 않았다. 이런 그를 주위에서는 더러 조롱조로, 다 늙어 무슨 청승이냐고 빈정거렸는데 이에 대하여 황상은 일사필연 과골삼천(日事筆硯 踝骨三穿)이란 말로 응수했다.

정(丁) 부자께서는 20년 적거 중에도 '날마다 붓과 벼루를 사용하여 복사뼈가 세 번이나 파였다오.'[日事筆硯 踝骨三穿] 나에게 '삼근계'를 주시고 늘 하시는 말씀이 '내가 부지런해서 이것을 얻었다.'라고 하셨지요. 몸으로 가르치고 말씀으로 주신 것이 어제인 듯 가까워 눈과 귀에 머물러 있는데 관에 뚜껑을 덮기 전에야 지성스럽고 핍절(逼切)한 가르침을 어찌 등질 수가 있겠소. ──「與裵州三老」

내가 정약용의 역학으로 무슨 논문이랍시고 데데한 글 한 편을 쓰느라 끙끙거리고 있던 무렵이었다. 정약용의 읍중(邑中) 여섯 제자들이며 다산초당 열여덟 제자들(茶信契 18 제자)을 찾아 한창 상우(尙友)하고 있던 어느 봄날, 황상의 『치원유고』(巵園遺稿)를 뒤적거리다가 「회주 삼로에게 드림」[與裵州三老]이란 글에서 '복사뼈가 세 번 파였다.'는 '踝骨三穿' 네 글자를 대하자 나는 숨이 턱 막혔다. 정약용의 저술에는 여러 제자들이 동원되어 자료를 챙기고, 받아쓰고, 교정을 보고, 제본을 하는 등 말하자면 분업적으로 치다꺼리를 했지만 진리를 탐구하는 정약용의 창조적 노고를 어찌 이런 것들에 비하랴! 그예 과골삼천이 되었던 모양이지만 그냥 과골삼천이 아니었다. 그는 장기에 가고 몇 달 안 되어 중풍에 걸렸는데 강진에 오고 10년쯤 되어서는 거의 폐인이 되어 버렸다고 정약용 스스로 토로했다. 그러한 과골삼천이었다.

과골삼천의 스승도 스승이거니와 제자 황상은 「임술기」에서 이렇게 말했다.

> 내가 이때 열다섯 살이었다. 아이였고 관례도 치르지 않았다. (삼근의 가르침을) 뼈에 새기고 마음에 새겨 감히 잃을까 염려하였다. 그때부터 지금까지 61년 간 읽기를 폐하고 쟁기를 잡았을 때에도 마음에 품고 있었는데 지금은 손에서 책을 놓지 않고 붓과 먹 속에서 세월을 보내고 있다. 비록 이룩한 것은 없으나 뚫고 미욱함을 소통하기를 삼가 지키고 또한 '병심확'(秉心確) 세 글자를 능히 받들어 이었다고 할 수 있을 따름이다. 그러나 지금 나이가 일흔다섯이라 남은 날이 많지 않다. 어찌 가히 마구 달려 도를 어지럽힐 수 있으랴! 지금 이후로도 스승이 주신 것을 잃지 않기를 분명히 한다. 자식들에게도 저버리지 않고 행하게 하겠다. 이에 임술기를 적는다.

열다섯 살 황산석이 정약용의 문하에 든 지 61년째, 스승이 세상을 뜬 지 27년째로 접어들었는데도 옛날 스승의 가르침을 저버리지 않고 받들어 이어가는 황상의 만년의 절개가 눈물겹고 아름답다. 하지만 남은 날이 많지 않다고 황상이 스스로 말했듯이 그의 문집을 아무리 들춰보아도 그의 기록이 「임술기」를 쓴 그 이듬해(1863)까지만 나타나 있을 뿐이니 아마도 그 해에 이승을 떠난 것으로 추정된다.(향년 76세)

나는 강진이 아직 관광지로 그다지 알려지지 않았던 옛날에 그 곳에 두어 번 간 적이 있었는데 주마간산 격이었다. 다음에 가거들랑 만사를 제쳐놓고 우선 정약용이 거처했던 그 주막집의 집터부터 찾을 것이다. 고독한 적객(謫客) 정약용과 불우한 열다섯 살 소년 황산석이 만나는 장면을 그려 보면서 오래도록 서성거릴 것이다. 그리고 한잔할 것이다. 내친김에 황상의 발자취를 찾아 천개산으로 들어가 볼까 하지만 들리는 소리로는 천개산이 큰 저수지로 가려졌다고 한다. 그가 은거했던 백적동(白磧洞)의 집이며 만년에 그 집 근처에 따로 지었다던 일속산방(一粟山房)은 집터라도 남았는지 모르겠다.

나는 젊은 날 이 산속 저 산속에 당호도 문패도 없는 두 채의 오두막을 지었다. 무슨 공부를 이루었는가. 세상에 나가 무슨 일을 했는가. 어떤 스승을 만났는가. 어떤 제자를 두었는가. 그리고 누구를 사랑했는가. 무엇이 남는가.—오평생(誤評生), 호호백발이 되었다. 어영부영 세월만 보내다가 이리 되고 말았다.

황상의 시 한 수를 읊조려 본다.

내 평생을 내 스스로 헤아려 보아도
남도 웃겠고 나 역시 우습다
백년 시름에 나 홀로 빠져 있다한들
조정에 무슨 손상이 되겠나

我生我自算
人笑我亦笑
百年愁獨洽
何傷於廊廟 ——「自歎」抄

 정약용도 황상도 가신 지 오래지만 어이하여 여향(餘香)은 이리도 표일한가. 오늘따라 나는 조금 운다.

8. 탁 트인 주막집 노파

    정약용이 강진으로 유배되어 동문 밖 어느 주막집에 기거할 때였다. 어느 날 저녁 주인 노파가 곁에서 한담을 나누다가 갑자기 정약용에게 이렇게 물었다.

영공(令公)은 글을 읽으셨으니 이 뜻을 아시는지요? 부모의 은혜는 다 같지만 어머니는 더욱 노고가 많습니다. 그런데 성인이 교화를 수립함에 있어서 아버지는 중하게 여기고 어머니는 가볍게 여겨 성은 아버지를 따르게 하고 복(服)도 어머니에게는 낮추게 했는가 하면 부족(父族)은 일가를 이루면서 모족(母族)은 도외시하니 너무 치우친 것이 아닙니까?

다산이 이렇게 답을 했다.

아버지께서 나를 낳으셨기 때문에 옛날의 책에도 아버지는 자기를 낳아준 시초라고 하였소. 어머니의 은혜가 비록 깊지만 하늘이 만물을 내는 것과 같은 큰 은혜가 더욱 무거운 것이요.

다산의 대답이 명쾌하지 못하다고 생각한 노파는 말을 덧붙였다.

영공의 말씀은 아직 미흡합니다. 내가 그것을 생각해 보니 풀과 나무에 비교하면 아버지는 종자요, 어머니는 토양입니다. 종자를 땅에 뿌리는 일은 지극히 작은 일이지만 토양이 길러내는 공은 아주 큽니다. 그러나 밤톨은 밤이 되고 벼의 씨앗은 벼가 되니 그 몸이 온전하게 이루어지는 것이야 모두 토양의 기운 때문입니다. 필경 족류(族類)가 나누어지는 것은 모두 종자에 연유하는 것입니다. 옛 성인이 교화를 수립하고 예(禮)를 제정한 근본은, 생각해 보면 이것에 말미암은 것이라 여겨집니다.

정약용은 뜻밖에도 황연히 크게 깨닫고 척연(惕然)히 공경심이 일어났다. 천지간의 지극히 정밀하고 지극히 미묘한 의미가 바로 밥 파는 노파에 의해서 발로될 줄이야 누가 알았겠는가.

 이상은 「중씨께 올림」(上仲氏)이라는 서찰에 나오는 얘기다. 비록 배우진 못했지만 속이 탁 트인 노파가 아닌가. 정약용이 한 방 먹은 거다.

9. 애절양(哀絶陽)

 정약용(丁若鏞)이 살았던 18세기 후반과 19세기 초는 나라의 기강이 흔들리고 사회는 극도로 피폐하여 백성은 도탄에 빠졌다.

『목민심서』(牧民心書) 「응변」(應變)편에서 그는 이렇게 말한다. "근년이래로 조세와 부역이 번거롭고 무거우며, 관리는 멋대로 잔악한 짓을 하여 백성은 편히 살 수 없어 대개 난리를 생각하게 되었다. 요사한 말과 망령된 말들이 동에서 부르면 서에서 화답한다. 법에 비추어 처단한다면 백성은 하나도 살아남지 못할 것이다."

그의 시문의 도처에서, 기우는 나라를 근심하고 암울한 현실을 개탄하고 있지만, 특히 당시의 세금 수탈이 얼마나 가혹했던

가는 『목민심서』 「첨정」(簽丁)편에 나오는 그의 시 「애절양」7)이 단적으로 이를 말해 준다 할 것이다.

  이 시를 쓰게 된 동기를 다산은 다음과 같이 말한다. "이것은 가경 계해 년(1803) 가을 내가 강진에서 지었다. 갈밭마을에 사는 한 백성이 아이를 낳은 지 사흘 만에 군보(軍保)에 편입되고 이정(里正)이 (못 바친 軍布 대신에) 소를 빼앗아 가자 그 백성이 칼을 뽑아 자기의 양경을 스스로 베면서 말하기를, '내가 이 물건 때문에 이 곤액을 당한다.'라고 했다. 그 아내가 그 양경을 가지고 관문에 나아가니 피는 아직 뚝뚝 떨어졌다. 울며 호소했으나 문지기가 막았다. 내가 이 얘기를 듣고 이 시를 지었다." 계해 년이라면 다산의 나이 마흔둘이니 강진에 적거한 지 햇수로 3년째다.

    갈밭마을 젊은 여인 울음소리 길어
    곡소리 현문을 향해 울부짖는다

    지아비 출정하여 못 돌아오는 건 오히려 있을 수 있지만
    예로부터 남절양(男絶陽)은 아직 듣지 못했네

    시아버지 세상 뜨셔 상복 이미 입었었고

---

7) 丁若鏞, 『與猶堂全書』, 서울: 驪江出版社, 1992, pp. 308~309.

갓난아기는 배냇물도 안 말랐는데
3대의 이름이 군적에 실렸다

호소하러 가니 호랑이 같은 문지기 지켜 섰고
이정(里正)이 포효하며 외양간 소마저 끌고 갔네

칼 갈아 방안으로 뛰어들어 양경을 베니 자리엔 피 가득한데
스스로 한탄하네, "아이 낳아 이 고생과 재액을 당했구나!"

잠실음형(蠶室淫刑)8)이 어찌 죄가 있어서며
민(閩) 땅의 자식 거세함도 가여운 일이라9)

---

8) 이른바 淫刑은 五刑(무엇을 다섯 가지 刑이라 하는 가에 대해선 시대에 따라 일정하지 않다)의 하나로서 宮刑, 宮罪, 宮罰, 腐刑, 淫刑, 蠶刑이라고도 하거니와, 남자는 거세하고 여자는 감방에 유폐하는 것이지만, 여자의 경우 일설은, 여자의 筋을 척출하는 것이라고 한다.

9) 閩囝(민건) : 閩은 지금의 중국 福建省의 땅에 살던 미개 민족을 이르기도 하고, 또는 閩族이 살던 지금의 福建省의 땅을 이르기도 하며, 五代十國의 하나인 閩 나라를 뜻하기도 하고, 福建省의 옛 이름이기도 하다. 또 姓이기도 하다. 閩人은 자식을 囝 이라 부르고 아비를 郎罷라고 불렀다. 唐은 閩子를 취해서 환관으로 만들었다는 기록이 보이고, 顧況이 撰한 「哀囝」一篇 을 보면 "囝 이 閩에서 나면 곧 그 陽을 잘라서 臧(사내종)으로 만들고 獲(계집종)으로 만들어서 金石이 집 안에 가득했다."라고 하고 있다. 즉 당나라에서 閩 땅의 자식을 환관으로 썼기 때문에 (자식을 팔아서) 閩人은 부유하게 되었다는 내용이다.

생생지리(生生之理)는 하늘이 내린 이치여서
건도성남(乾道成男)하고 곤도성녀(坤道成女)인 것을10)

말 돼지 거세함도 차라리 슬프다 하겠거늘
하물며 뒤 이을 자식 생각함에 있어서야

부호들은 일년 내내 풍악을 즐기면서도
쌀 한 톨 베 한 치도 바치는 일 없다

다 같은 백성인데 어찌하여 이다지도 후하고 박하단 말인가
객창에서 거듭 '시구편'(鳲鳩篇)11)을 외우노라

蘆田少婦哭聲長

---

10) 乾道成男 坤道成女 :『周易』「繫辭傳」에 나오는 말로서, 다산은『周易四箋』에서 다음과 같이 해석한다. "道는 하나일 따름이다(道一而已). 그러므로 乾의 一畫을 얻은 것은 男卦가 되고 坤의 一畫을 얻은 것은 女卦가 된다.(즉 이른바 陽卦多陰하고 陰卦多陽이다) 蓍卦(蓍草〈筮竹〉를 세어서 괘를 구하는 것)에 이르러서도 또한 그러하니, 세 번 세어서 一陽을 얻은 것은 陽畫이 되고, 세 번 세어서 一陰을 얻은 것은 陰畫이 된다." 여기의 이 시에서는 쉽게 말하자면, 一男一女가 만나 有子生女, 낳고 낳아 이어지는 生生之理는 天地(乾坤)의 정한 이치라는 뜻이겠다.

11) '鳲鳩'란『詩傳』의 편명으로서, 군자의 언행을 경모하는 내용을 뻐꾸기에 부쳐 노래한 것이라는 것이 통설인 것 같다. 鳲鳩는 布穀이라고도 하는 뻐꾸기를 뜻하며, 다산은 이 시를 두고 그의『詩經講義』에서 "此詩一篇 乃聖賢之極功 帝王之要道 果使曹國而有此人 曹其興乎……."라고 했다.

哭向縣門號穹蒼

夫征不復尙可有
自古未聞男絕陽

舅喪已縞兒未澡
三代名簽在軍保

薄言往愬虎守閽
里正咆哮牛去皁

磨刀入房血滿席
自恨生兒遭窘厄

蠶室淫刑豈有辜
閩囝去勢良亦慽

生生之理天所予
乾道成男坤道女

騸馬豶豕猶云悲
況乃生民思繼序

豪家終歲奏管弦
粒米寸帛無所捐

均吾赤子何厚薄
客窓重誦鳲鳩篇

  나라가 기울면 삼정(三政)이 문란해지는 법이라지만 다산의 「애절양」에서, 극도로 문란한 당시의 군정을 짐작하게 한다. 이른바 황구첨정(黃口簽丁) 백골징포(白骨徵布)의 실상이 이 시를 통해 역력하게 드러나고 있다. 이 지경에 이르면 정부도 관리도 사람이 아니다. 사람을 해치는 짐승일 뿐이다.
  뒷날 일표이서(一表二書)로 나타난 다산의 국가 개혁 사상은 이러한 실사에 뿌리를 둔 것이었다.

10. 정약용과 혜장선사의 만남
— 九六論辨 —

    정약용(丁若鏞)이 강진에 귀양 살이할 당시에 대둔사(大芚寺:해남에 있는 大興寺)에 한 승려가 있었는데, 그는 본래 해남의 한미한 출신으로 27세에 병불(秉拂: 절에서 불법을 가르치는 首座)이 되자 제자가 백 수십 명에 이르렀고 30세에는 둔사(芚寺)의 대회(大會:이 대회는 오직 팔도의 大宗匠이 된 뒤에야 개최한다)를 주재했다는 기록이 보인다. 그가 바로 혜장선사(惠藏禪師)다.

혜장은 희대의 학승이었다. 재주가 발군하여 종횡무진, 불학뿐만 아니라 유학에도 조예가 깊었다. 천품이 자유분방하고 기고만장했다. 어려서부터 스승을 좇아 불경을 배웠으나 어떤 스승의 가르침에도 그는 늘 불만이었다. 고개를 숙이고 가르침을 듣는 척하다가도 문을 나서면 언제나 "피이!" 하고 입을 비죽거리곤 했다. 그런 날이면 두주를 불사했다. 가위 기승이었다.

정약용이 강진에 와서 한 주막집 곁방에서 고적하게 지낸 지 5년째가 되던 해(純祖 5, 乙丑, 1805), 그러니까 정약용의 나이 마흔네 살이 되던 해 봄에 정약용보다 십년 연하인 혜장선사가 만덕사(萬德寺: 白蓮社〈寺〉)에 와서 묵고 있었다. "목마르게 나를 보고 싶어 했다."[渴欲見余]라는 정약용의 말로 미루어 보면 이때 혜장은 정약용을 무척 사모하고 있었던 것 같다. 그 해 가을(「上仲氏」〈辛未冬〉)에 하루는 정약용이 신분을 감추고 한 야로(野老)를 따라가서 혜장을 만나 그와 더불어 한나절까지 이야기를 나누었지만 혜장은 정약용인 줄을 알 턱이 없었다. 작별을 하고 돌아서서 정약용이 북암(北菴)에 이르렀을 때는 땅거미가 어둑어둑 지고 있었다. 이때 혜장이 헐레벌떡 좇아와서 머리를 조아리고 합장을 하면서,

"공께서 어찌하여 이처럼 사람을 속이십니까? 공은 정대부(丁大夫) 선생이 아니십니까? 빈도는 밤낮으로 공을 경모했는데[日夜慕公] 공이 어떻게 이러실 수가 있습니까?"라고 했다. 손을 끌어 그의 방에 가서 묵기를 간청했다. 밤이 깊어지자 정약용은,

"듣자니 그대는 『역경』(易經)을 본디 잘한다던데 그것에 의심이 없는가?"라고 하니 혜장이,

"정씨(程氏)의 전(傳:『伊川易傳』)과 소씨(邵氏)의 설(說:『皇極經世書』)과 주자(朱子)의 본의(本義:『周易本義』)며 계몽(啓蒙:『易學啓蒙』)에는 모두 의심이 없습니다만 오직 경문은 잘 모르옵니다."라고 했다.

정약용이 『역학계몽』(易學啓蒙)에서 수십 장을 가려 그 뜻을 묻자, 혜장은 그것에 대해 정신이 환히 밝고 입에 익어서 한 번에 수십 수백 마디를 외우기를, 흡사 공이 언덕에 구르듯, 병이 물을 쏟듯 도도하게 그칠 줄 몰랐다. 정약용은 크게 놀라 혜장이 과연 숙유(宿儒)임을 알게 되었다.

이윽고 혜장은 제자를 불러 회반(灰盤)을 가져오게 하고서는 거기에다가 낙서구궁(洛書九宮)[12]을 그리니, 본말(本末)을 분석함에 있어서 참으로 방약무인하였다. 팔을 걷어붙이고 젓가락을 잡아 왼쪽 어깨에서부터 그어서 오른쪽 발에까지 이르니 15였고, 오른쪽 어깨에서 그어 왼쪽 발에까지 이르니 15였다. 마치고 나서 가로 세로 세 줄씩 긋고 어디로 쳐도 15가 되었다. 문밖

---

12)

4巽	9離	2坤
3震	5中	7兌
8艮	1坎	6乾

에 서서 이 광경을 지켜보던 많은 비구들이 숙연해지지 않는 자가 없었다.

　밤이 깊어 베개를 나란히 하고 누우니 서쪽 창에 달빛이 낮과 같았다. 정약용이 혜장을 당기며 "장공, 자는가?"라고 하니, 그는 "아닙니다."라고 했다. 정약용이 "건괘(乾卦)에서 초구(初九)라 함은 무슨 말이지?"라고 하니, 혜장이 "九는 양수(陽數)의 끝입니다."라고 했다. 정약용이 "음수(陰數)는 어디에 그치지?"라고 하니, 그는 "十에 그칩니다."라고 했다. 정약용은 "그렇다면 곤괘(坤卦)는 왜 초십(初十)이라고 말하지 않았을까?"라고 하니, 혜장이 오랫동안 생각하다가 벌떡 일어나 옷깃을 여미고 호소하기를, "산승(山僧)이 20년 동안 역(易)을 공부한 것은 모두 헛된 물거품이었습니다. 곤괘의 초육(初六)은 어찌하여 초육(初六)이라 한 겁니까?"라고 하였다. 여기서 정약용이 곤초육(坤初六)을 물은 것은 시초(蓍草: 筮竹)를 세어 괘(卦)를 구하는 과정에서 어째서 九는 노양(老陽)의 수(數)가 되고 六은 노음(老陰)의 수(數)가 되는지, 이른바 '삼천양지'(三天兩地)의 이치를 알고 있느냐는 물음이었다.[13] 조금 전까지만 해도 횡행천하(橫行天下)하

---

13) 九六의 論辨에 대해서는 박주병 『周易反正』, 서울: 학고방, 2013, 참조. 외람된 말이겠으나, 졸저를 이해하지 못하고서는 비록 역학자라 하더라도 이 '九六之辯'에 대해서는 땅띔도 못할 것이다. 정약용과 혜장선사의 논변을 이야기하면서 '九六之辯'을 빠뜨린다면 그 글은 보나마나 팥소 빠

던 그 기개는 다산의 한칼에 양단되고 만 거다. 그래도 혜장쯤 되니까 이럴 수나 있었으리라. 곤초육(坤初六)을 묻는 혜장에 대해 정약용은 "모르겠는데, 귀기(歸奇)의 법이 맨 뒤의 셈은 四나 二로써 기(奇)로 삼는데 二와 四는 우수(偶數)가 아닌가?"라고 했다.14) 여기서 일단 말머리를 "모르겠는데"라고 한 것은 혜장이 아무리 영리하다 하더라도 이를 이해시키려면 많은 말을 해야 되겠기에 한 말일 거다. 이어서 정약용이 귀기(歸奇)를 말한 것은 실로 놀라운 우회적 테스트다. 여기의 奇는 '짝을 이룬 한쪽'을 뜻하는 것일 뿐만 아니라 '남은 수'[畸]의 뜻이기도 함을 알고 있느냐는 물음이었다. 그런 줄을 알 리 없는 혜장은 처연히 한숨을 내쉬며 "우물 안 개구리와 초파리[醯鷄]는 정녕 스스로 슬기로운 체 할 수 없구나!"라고 하고서 더 가르쳐 달라고 했으나 정약용은 더는 응하지 않았다.

이해 겨울에 정약용은 보은산방(報恩山房: 高聲寺)에 있었는데, 혜장이 자주 들러 서로 역(易)을 이야기하였다. 그 무렵은

진 찐빵이요, '九六之辯'의 해설을 잘못한다면 그 글은 굴타리먹은 호박이다. 정약용의 爻變論을 모르고서는 '九六之辯'의 진정한 의미를 안다고 할 수가 없다. 이것이 한국의 역학계와 문단의 수준이라고 나는 감히 말한다. 정약용의 爻變論에 대해서는 박주병 전게서 참조.

14) 蓍草〈筮竹〉를 네 개씩 세어나가 그 나머지를 손가락 사이에 끼우기를 두 번 하는 것. 『周易』「繫辭上傳」의 '歸奇於扐'(귀기어륵)을 지칭. 박주병 전게서 참조.

정약용이 『주역사전』(周易四箋) 을축본(乙丑本)을 한창 고쳐 쓰고 있던 때였으니 『주역』에 대한 정약용의 열정이 오를 대로 올라 있었다. 4년이 지난 봄(1808, 戊辰) 정약용이 귤동의 다산(茶山:만덕사 서쪽에 있는 처사 尹博의 山亭)으로 거처를 옮겼는데 대둔사와는 가깝고 성읍(城邑)과는 멀어서 혜장의 왕래가 더욱 잦아졌던 모양이다.

혜장은 성품이 매우 고집스러웠다고 한다. 하루는 정약용이, "어린아이처럼 유순해질 수가 있겠는가?"라고 하니, 이에 혜장은 스스로 호를 '아암'(兒菴)이라고 했다.

혜장은 불법을 독실하게 믿으면서도 『논어』와 『맹자』를 매우 좋아하였기에 중들이 그를 미워서 김선생이라 불렀다.(그의 본은 金씨) 그러한 그가 정약용으로부터 『주역』의 원리를 듣기 시작하고부터는 역(易)에 대해 전에 공부했던 걸 모두 팽개치고 '구가(九家)의 학'[15]을 탐구하게 되었고, 몸을 그르친 걸 후회하며 실의에 빠져 즐기는 기색이 없었다.[自聞易理 自悔誤身 忽忽不樂] 시를 별로 좋아하지 않던 그가 갑자기 시를 탐하고 술에 취해 비틀거리기를 사오년(「上仲氏」〈辛未冬〉에는 육칠년이라고 되어

---

15) 九家之學이란 「荀爽集」에 나오는 京房, 馬融, 鄭玄, 虞翻, 陸績, 姚信, 宋衷, 翟(적)子玄, 荀爽 등 9家의 易學을 말한다. 이 九家를 荀九家라고도 하는데 그들의 易學은 모두 象數易이다.

있음) 만에, 마침내 신미 년(순조 11, 신미, 1811) 가을에 술병으로 배가 불러 9월 기망(幾望: 14일)에 북암(北菴)에서 시적(示寂)하니 나이는 고작 40세였다. 그가 죽을 무렵에 여러 번 혼자말로 無端兮(무단혜)라고도 하고 夫質業是(부질업시)라고도 했다니 전자는 '무단히'의 방언이요, 후자는 '부질없이'의 뜻이겠다. 둘 다 가슴 깊이 뉘우치는 소리가 아닌가. 죽기 한 해 전인 경오년(純祖 10, 1810) 봄에 혜장이 정약용에게「장춘동잡시」(長春洞雜詩) 20수를 보내주었는데 둘째 연에서 이렇게 읊었다.

    백수공부에 누가 득력했나
    연화세계 다만 이름만 들었네
    미친 노래 늘 근심 속에 부르며
    맑은 눈물 자주 취한 뒤에 흐르네

    柏樹工夫誰得力
    蓮花世界但聞名
    狂歌每向愁中發(孤吟每自愁中發─上仲氏<辛未冬>)
    清淚多因醉後零

위의 내용은 혜장이 죽은 그 해에 정약용이 지은「아암장공탑명」(兒巖藏公塔銘)(정약용 50세, 순조 11, 辛未, 1811)과, 같은 해 겨울에 정약용이 그의 중형인 정약전(丁若銓)에게 부친 「중씨께 올림」[上仲氏〈辛未冬〉]이라는 서찰에 나오는 얘기다.

  위에서 두 사람의 대화를 얼더듬어 보았지만 나는 『역경』에 대해서도 석씨의 학에 대해서도 깊은 온축을 이루지 못한 사람이다. 이 얼치기 학인의 눈에는, 혜장의 제자들이 지켜보는 앞에서 방약무인하게 지껄이는 치졸하기 그지없는 혜장의 열변을 잠자코 듣고만 있는 정약용의 태도가 과연 조선조 제일의 학자답고, 얼른 알아보고 무릎을 꿇는 혜장의 경지 또한 아득하게 보일 뿐이다. 혜장이 아니라 원효였더라면 무릎을 꿇은 자는 원효가 아니라 정약용이었을 거라며 냉소를 짓는 사람이 있었다. 이런 사람과 더불어 무슨 말을 하겠는가. 정약용과 혜장. 두 사람의 세계를 곡진히 안다고 하기엔 나는 정말 우물 안 개구리며 초파리에 지나지 않겠지만, 혜장이 정약용으로부터 『주역』의 원리를 듣고 "몸을 그르쳤음을 후회했다."라고 하는 것은 승려가 된 걸 후회했다는 말인 것 같다는 생각을 떨쳐 버릴 수가 없다.

  "곤괘는 왜 초십이라고 말하지 않았지?"라는 의표를 찌르는 정약용의 촌철살인 이 한마디에 무너져 버린 혜장선사! 승려로서 승려가 된 걸 후회하게 되었다면 미친 노래 근심 속에 부르고 취한 뒤에 맑은 눈물 흘리는 건 오히려 인지상정일 거다. 이 구절은, 읽는 사람으로 하여금 많은 것을 생각하게 한다.

만남이란 더러는 운명이 되는 모양이다. 어떠한 만남에서도 흔들리지 않는다면 진정한 자유일 것이다.

11. 야광주(夜光珠)가 침몰하면

 정약용(丁若鏞)의 「자찬묘지명(집중본)」과 그의 현손인 정규영이 1921년에 편찬한 「사암선생 연보」에 의하면(사암(俟菴)은 정약용의 호) 정약용이 40세가 되던 해(순조 원년, 辛酉, 1801)에 신유옥사(辛酉獄事)에 걸려들어 그 해 음력(이하 모두 음력) 2월 8일에 입옥되었다가 27일에 경상도의 장기로 귀양을 가게 되었다. 그 해 10월 '황사영(黃嗣永) 백서사건(帛書事件)'때 다시 체포되어 입옥되었다가 11월에 강진으로 이배(移配)되었다. 무슨 죄가 그토록 무거웠던가. 「상례사전서」(喪禮四箋序)에서 그는 이렇게 말하고 있다.

강진은 옛날 백제의 남쪽 변방으로 땅이 낮고 비열한 풍속이 특이했다. 이때에 이곳 백성들이 유배된 사람 보기를 마치 큰 독(毒)과 같이 해서 이르는 곳마다 모두 문을 부수고 담장을 허물고 달아났다. 한 노파가 나를 가련하게 여겨 머무르게 해 주었다. 이후에 나는 창문을 막아 버리고 밤낮 혼자 외로이 처해서 더불어 이야기할 사람이 없었다. 이에 흔연히 스스로 경하하기를, "내가 여가를 얻었도다."[余得暇矣]라고 하고…….

고독을 여가로 전환시킨 정약용. 그는 문을 닫아걸고 예서(禮書)를 읽게 되지만 이내 오직 『주역』 연구에만 몰두하게 되었다. 유배된 지 7년이 되기까지 네 번을 고쳐 다섯 번을 써서 드디어 『주역사전』(周易四箋)(처음에는 『周易心箋』이라 했다)이라는 정약용의 일생일대의 회심작을 완성하게 된 거다. 이때가 47세(순조 8, 戊辰, 1808)였지만 풍비(風痺)를 얻어 폐인이 된 지가 한참 되었다. 장자 학연(學淵)에게 주는 「학연에게 보이는 가계」[示學淵家誡]라는 글에서 "나는 지금 풍병으로 사지를 못 쓰니 이치로 보아 오래 살 것 같지 않다."[吾今風痺癱瘓理不能久]라고 했듯이 자신의 죽음이 멀지 않다고 생각한 그는, 이 책을 얼른 세상에 펴게 되기를 조바심하면서 경상도 사람 윤영희(尹永僖, 字는 畏心, 정조 10년에 문과에 급제하여 校理 등을 역임. 신유옥사 때 정약용에게 정보를 제공해 주는 등 평생 동안 정약용과 친한 친구였다.)라는 친구에게 서찰을 띄웠다. 이 서찰에서 문왕(文王)이 유리(羑里)의 7년 감옥살이에서 『주역』을 연역한 것에 빗댄 것은 아니라고 말하고 있지만 그 또한 귀양살이 7년 만에 『주역사전』을 완성하게 되었다면서 그 내력을 이렇게 말했다.

> 옛날의 성현들은 우환이 있을 적마다 『주역』으로 처리하였습니다. 내가 오늘의 처지를 감히 옛날 성현들께서 조우하셨던 바에 비기는 것은 아니지만, 그 고생스러움과 궁액을 만난 사정은 현불초(賢不肖)가 같은가 봅니다. 7년 동안 유락하여 문을 닫고 홀로 칩거하니, 노비들도 나와는 같이 서서 얘기도 하려고 하지 않았습니다. 그러므로 낮에 보는 것이라고는 오직 구름의 그림자와 하늘의 빛뿐이요, 밤에 듣는 것이라곤 벌레 소리와 바람결에 불리는 대나무 소리뿐이었습니다. 정적이 오래 되니 정신과 생각이 모여서 옛 성인의 글에 전심치지할 수가 있어, 자연히 울타리 밖으로 새어 나오는 불빛을 엿볼 수가 있게 되었을 따름입니다.

옛 성현들이 우환이 있을 적마다 『주역』으로 처리했다는 말은 "역을 지은 분은 아마도 우환이 있었을진저."[作易者其有憂患乎]라고 한 공자의 말을 의미한다. 성현의 울타리 안에서 새어 나오는 불빛을 볼 수 있게 되었다고 자신의 공부의 경지를 겸손하고 완곡하게 표현했다. 그러나 그에게도 『주역』은 진정 난해한 경전이었던 모양이다. 『주역』 연구에 몰입하게 된 경위를 이 서간문에서 그는 이렇게 말하고 있다.

무릇 천하에 사고(四庫)의 많은 책과 이유의 비문[二酉之祕]16) 등 책이라고 이름한 것은 어느 것이나 실망하여 책을 덮은 적이 없었는데 홀로 『주역』만은, 바라보면 기가 꺾여 탐구하고자 하여도 감히 손을 못 댄 적이 여러 번이었습니다.

신유 년(순조 1, 1801) 봄에 장기로 귀양가서, 가을에 나의 운명을 점쳐서 준지복괘(屯之復卦)를 만난 꿈을 꾸고 깨어나서는 기뻐하여, 처음에는 준(屯)했으나 그 준이 변하여 양(陽)이 돌이켜진다는 것이니 아마도 종국에는 경사가 있지 않겠는가라고 생각했었는데 그 점은 맞지 않았고, 또 서울로 체포되어 왔다가 다시 강진으로 귀양을 왔습니다. 그 이듬해 봄에「사상례」(士喪禮)17)를 읽고, 이어서 상례에 관한 여러 책을 읽어 보니 주(周)나라의 고례(古禮)는 대부분 『춘추』(春秋)에서 증거

---

16) 중국 호남성에 있는 大酉山, 小酉山의 동굴에서 1천 권의 고서가 발견되었다. 전하여 많은 장서를 이르는 말이 되었다.
17) 『儀禮』의 편명. 士가 부모의 상을 당하여 죽는 순간부터 빈소 차리는 때에 이르기까지의 예를 기록한 것.

를 취하였다는 걸 알게 되어서 『춘추좌씨전』(春秋左氏傳)을 읽기로 하였습니다. 기왕 『좌전』(左傳)을 읽기로 한 것이니 상례에 마땅치 않는 것이라 해도 널리 읽지 않을 수가 없어 마침내 『춘추』에 실려 있는 관점(官占)의 법에 대해 때때로 완색하여, 「진경중적제지서」(陳敬仲適齊之筮, 莊公 22년)와 「진백희가진지서」(晉伯姬嫁秦之筮, 僖公 15년)와 같은 곳의 상하(上下)를, 실마리를 뽑아내어 찾아 한눈팔지 않고 깨닫는 듯하다가도 도리어 황홀하고 어렴풋하여 도저히 그 문(門)을 얻을 수가 없었습니다. 의심과 울분이 심중에 교차되어 거의 먹는 것을 폐하려고 했습니다. 이에 모든 예서를 다 거두어 갈무리하고 오로지 『주역』한 벌만을 책상 위에 놓고 밤낮을 이어 깊이 잠심하고 완색했으니, 대개 계해 년(42세, 순조 3, 1803) 늦은 봄부터는 눈으로 보는 것, 손으로 만지는 것, 입으로 읊는 것, 마음으로 생각하는 것, 필묵으로 쓰는 것에서부터 밥상을 대하고, 변소에 가고, 손가락을 튀기고, 배를 문지르는 것까지 어느 것도 『주역』이 아닌 것이 없었습니다.

그의 공부는 『예서』에서 『춘추』로, 『춘추』에서 『주역』으로 성난 불길처럼 옮아가게 되고, 이렇게 하여 그는 마침내 『주역』의 이치를 꿰뚫어 알아 가면서 『주역사전』의 집필에 들어갔다고 적고 있는데, 이 무렵에 그는 「우래십이장」(憂來十二章)이라는 시를 남겼다. 12장 가운데 제3장을 옮겨 본다.

   一顆夜光珠
   偶載賈胡船
   中洋遇風波
   萬古光不白

   한 알의 야광주가
   우연히 중국 장삿배에 실렸다가
   바다 한가운데서 풍파를 만나니
   만고에 그 빛을 다시는 볼 수 없네

『주역사전』을 쓰고 있는 자신과 그 연구의 성과를 두고 야광주에 비기고, 그러나 자신이 이대로 침몰하고 말면 만고에 『주역』의 빛은 다시는 볼 수가 없을 것이라고 탄식하고, 체념하고, 또 자부하고 있다.
 정약용이 보낸 『주역심전』(周易心箋)에 그의 중형 정약전이 서문을 쓰면서 이렇게 말했다.

   …… 만년에 바닷가(강진)로 귀양을 가서 『주역사해(주역심

전)』를 지었는데 나는 처음에는 놀랐고 중간에는 기뻤고 끝에는 무릎이 굽혀지는 줄도 깨닫지 못했다.…… 미용(美庸: 정약용의 字)은 동이(東夷)의 사람이요, 후생의 끝이다. 사승(師承)의 도움도 없었고 홀로 보고 홀로 깨쳤으나 조그만 칼로 가르고 베는 기세가 대를 쪼개는 것과 같다. 구름과 안개가 걷히면 노예도 하늘을 본다. 이제부터는 누가 미용을 삼성(三聖)의 양자운(揚子雲)이 될 수 없다고 말할 수 있으랴!…… 가령 미용이 편안하고 부하고 높고 영화로웠다면 반드시 이런 책을 이루지 못했을 것이다…… 미용이 뜻을 얻지 못한 것은 곧 아우 자신을 위해서 행운이요, 홀로 우리 유학계만 행운인 것이 아니다. 내가 미용보다 몇 살 위지만 문장과 학식은 그의 아래가 된 지 오래다. 거칠고 얕은 말로 이 책을 더럽힐 수 없으나 선배가 영락하면 백세(百世)를 기다리기 어려우니 하늘 아래 땅 위에 이 책을 만든 자는 미용이요 이 책을 읽는 자는 오직 나인데, 내가 또 어찌 한마디 칭찬이 없을 수 있겠는가. 단지 나는 바다 섬에 갇힌 죄인으로 죽을 날이 얼마 남지 않았으니 미용과 더불어 한세상 한 형제가 될 수 있으랴! 이 책을 읽고 이 책에 서문을 쓰는 것으로 또한 족하다. 나는 참으로 유감이 없다. 아! 미용도 또한 유감이 없을 것이다.

선배가 영락하면 백세(百世)를 기다리기 어렵다는 말은 '사암'(俟菴)이라는 정약용의 호에 빗대어 한 말이다. 사암이란 말은, "백세(百世)로써 성인을 기다려도 미혹되지 않는다."[百世以俟聖人而不惑]라는 『중용』의 한 구절에서 얻어 왔거니와 손암 자신이 죽고 나면 이 책을 후세에 성인이 나와야 알아볼 터인데, 성인을 두고 어찌 백세 즉 3천년을 기약하겠는가라는 뜻이다.18)

불운이 행운이라는 정약전의 이 역설에 점두하는 사람은 많을 것이다. 이 저술이야말로 그의 만년 대작 정법삼서(政法三書)인 일표이서(一表二書)19)로 표방한 그의 국가개혁 사상의 뿌리가 되었다는 사실을 아는 사람이라면 더욱 그러하다. 일표이서가 나오기 전이니 정약전은 차치하고라도 오늘날의 학자들이 정약용의 국가개혁사상을 논하면서 하나같이, 유배 초기에 확립된 정약용의 역학사상이 그의 개혁사상의 뿌리였음을 보지 못하는 것은 참으로 안타까운 일이다.

---

18) '기다리다'라는 뜻을 가진 '사암'은, "귀신한테 물어도 의심이 없고 백세(百世)로써 성인을 기다려도 미혹되지 않는다[質諸鬼神而無疑 百世以俟聖人而不惑]."라는 『중용』의 한 구절에서 취했다고 담원(薝園) 정인보(鄭寅普)는 말한다.

19) 經世遺表(初名 邦禮草本, 未完, 56세), 牧民心書(57세 봄), 欽欽新書(58세 여름).

그는 「두 아들에게 보이는 가계」[示二子家誡]라는 글에서 다음과 같이 학연(學淵) 학유(學游) 두 아들을 꾸짖어 가르치고 있다.

> 내가 죽은 뒤에 아무리 정결한 희생과 풍성한 안주를 진설해 놓고 제사를 지내 준다 하더라도 내가 흠향하고 기뻐하는 것은, 내 책 한 편을 읽어 주고 내 책 한 장(章)을 베껴 주는 것보다는 못하게 여길 것이니 너희들은 그 점을 기어해 두어라. 『주역사전』은 내가 하늘의 도움을 얻은 문자이며 절대로 인력으로 통할 수가 있거나 지혜와 생각이 다다를 바가 아니다. 능히 이 책에 잠심하여 오묘를 두루 통하는 자가 있다면 곧 자손이며 벗이니 천재일우이더라도 애지중지하여 보통의 인정을 배로 하여 대하여라.⋯⋯ 이『주역사전』과『상례사전』만 전습할 수가 있다면 다른 것들은 폐기한다 하더라도 괜찮겠다. 나는 가경 임술년(순조 2, 1802) 봄부터 곧장 저술하는 것을 업으로 삼아, 붓과 벼루를 울타리와 담장으로 하고, 이른 아침부터 밤늦게까지 쉬지 않았다.[蚤夜不息] 왼쪽 어깨가 마비되어 마침내 폐인이 되고, 시력이 아주 어두워져서 오직 안경에만 의지하게 되었다. 이렇게 하는 것은 어째서냐? 너희들(두 아들)과 학초(學樵: 중형 丁若銓의 長子)가 있기에 전술(傳述)하여 떨어

뜨리지 않을 것으로 생각했는데, 지금 학초는 불행히 단명하였고, 너희들은 영락하여 사람이 적은 데다, 성미마저 경전을 좋아하지 않고 오직 후세의 시율(詩律)만을, 얕은맛을 조악하게 알고 있으니 『주역사전』과 『상례사전』 두 책이 결국 멸하고 어두워져서 빛나지 못하는 지경에 이를까 참으로 두렵구나.

이 글은 "가경 무진 년(47세, 순조 8, 1808) 중하에 여유병옹(與猶病翁)이 다산정사에서 쓰노라."라고 되어 있으니 『주역사전』을 완성하던 해가 된다.

이리하여 정약용은 『상례사전』과 『주역사전』 두 책 가운데 특히 『주역사전』만이라도 세상에 펴주길, 미거한 그의 아들들보다 그의 친구 윤외심에게 기대를 걸게 되었던 것이다. 「윤외심에게 드림」[與尹畏心]이라는 서찰은 그것을 위하여 쓰게 되었고, 이 서신의 마지막은 이렇게 끝맺고 있다.

……중풍으로 마비되고 뼈가 아파 죽을 날이 멀지 않았는데, 드디어 입다물어 펴지 않고 머금은 채 땅속으로 들어가면, 성인을 저버리는 것이 심하다고 스스로 생각하였습니다. 온 세상을 두루 살펴보아도 오직 그대만이 비루하다 하지 않고 버리지도 않을 것 같아 작은 종이에 침울한 심정을 대략 밝혔사오니,

그대는 잘 살펴 동정해 주십시오.

  정약용은 자신의 『주역사전』을 두고 '하늘의 도움을 얻은 문자'[得天助之文字]이며 '절대로 인력으로 통할 수가 있거나 지혜와 생각이 다다를 바가 아니다.'[萬萬非人力可通智慮所到]라고 했다. 야광주에 비기기도 했다. 그것이 전해지지 않을까 애를 태운 건 당연하지 않는가.

12. 하피첩(霞帔帖)

 1810년(순조 10년 庚午) 그러니까 다산의 나이 49세가 되던 해에 고향 두릉에서 부인 홍(洪)씨가 서찰과 치마 하나를 부쳐왔다. 다산은 그 헌 치마의 말기를 조심조심 뜯어내고 알맞게 마름하고 배접한 뒤 손닿는 대로 두 아들에게 보낼 근검(勤儉)을 가르치는 교훈을 적었다. 「우시이자가계」(又示二子家誡)에 근검의 구체적 내용이 나온다. 이른바 「하피첩」이다. 하피(霞帔)란 홍군(紅裙)의 전용된 말이다. 즉 붉은 치마이다. 이 「하피첩」이 2006년 4월 2일 KBS 명품진품 시간에 처음으로 출품되어 나는 선생을 대한 듯 깜짝 놀랐다. 그 첫 면에 문집의 「제하피첩」의 내용과 똑 같은 글이 실려 있다.

내가 강진에서 귀양살이를 하고 있을 때 병든 아내가 헌 치마 다섯 폭을 보내왔는데, 그것은 시집올 적에 가져온 훈염(纁袡, 시집갈 때 입는 활옷)으로서 붉은빛이 담황색으로 바래서 서본(書本)으로 쓰기에 적당했다. 잘라서 조그마한 첩(帖)을 만들고는 손이 가는 대로 훈계의 말을 써서 두 아들에게 준다. 훗날 이 글을 보고 감회를 일으켜 어버이의 흔적과 손때를 생각하게 된다면 틀림없이 마음이 뭉클해질 것이다. 이것을 하피첩이라 이름 붙였는데 이는 붉은 치마를 바꿔 말한 것이다. 가경(嘉慶) 경오년(순조10, 1810) 초가을에 다산의 동암에서 쓴다.

다산은 귀양살이하는 가운데도 자식 걱정을 놓을 수가 없었다. 폐족이 되었으니 자식의 장래가 늘 걱정이 되어 혹시라도 잘못될까 싶어 한시도 마음을 놓지 못했던 것 같다. 여기서 나는 다산의 애틋한 부정과 그의 꼼꼼하고 다정다감한 성품을 읽는다.

13. 다산의 매조도

 방병성주(蚌病成珠), 조개가 병들어 진주를 이룰 수도 있듯 가치는 우환(憂患)의 소산인 경우가 많다. 우환은 더러 도저한 철학을 낳고 그 철학이 수렴하여서는 시가 되기도 하고 펴서는 그림이며 저술이 되기도 한다. 정다산(丁茶山)의 '매조서정도'(梅鳥抒情圖) 또한 이와 다르지 않다.

내가 지금 들여다보고 있는 이 매조서정도는 고려대학교 박물관에 소장되어 있는 걸 손바닥만 하게 축소하여 영인한 거다.

매화 그림은 새를 등장시킨 매조도이든 매화만을 그린 것이든 대개 나무는 험상궂은 고목(古木)으로 그려서 풍상에 찌든 노인을 연상케 하고 꽃은 단엽으로 그려 그 청초함이 정녀(貞女)를 떠올리게 하는데, 이 그림에서 다산은 나무의 몸체와 밑동은 그려 놓지 않았다. 왜 그랬을까?

　이 그림을 보면 세로로 기다란 모양을 하고 있는데 전체의 3분의 1이 채 안 되는 위쪽만 두 개의 매화 가지로 안배되고 있을 뿐 나머지는 여백인데 그 여백은 크고 작은 글자들로 꽉 메워지다시피 되어 있다. 여백이 여백으로만 남겨지는 여느 매화 그림과는 다른 면모를 보여준다. 왜 그랬을까?

　낭창거릴 듯 두 개의 가느다란 매화 가지가 그림의 상단 오른쪽 귀퉁이에서 완만하게 아래로 처지면서 왼쪽으로 뻗었다. 절지(折枝)는 한없이 어려도 드문 착화(著花)를 보면 풍상의 세월이 흐를 대로 흘렀다. 고매(古梅)이다. 아랫 가지의 한 중간쯤에 앉아 있는 두 마리의 새는, 아랫도리는 사북에서 교차되는 두 개의 벌어진 가위다리처럼 엉켜 있고 몸통은 가위 다리를 벌린 듯 갈라져 있지만 부리를 치킨 대가리는 두 마리가 다 같이 왼쪽을 향해 무언가를 응시하는 모습이다. 사북을 축으로 한, 가위의 두 다리가 금방이라도 접치어지고 다시 벌어질 듯 그렇게 새들은 앉아 있다. 이것은 아마도 스스로 야광주(夜光珠)에 비겼던 그의 역저 『주역사전』(周易四箋)에 나오는 이른바 「반합」(胖合)[20]의 뜻을 그림에 담으려 한 것이 아니었을까 싶다. 가위다리를 친 아랫도리는 '혼배행례'(婚配行禮)를, 한 방향으로 응시하

---

20) 胖合에 대해서는 박주병 전게서 참조.

는 자태는 '부부정가'(夫婦正家)의 원리를 나타내어 그의 이른바 「반합」의 뜻이 드러난 듯 숨은 듯하다. 이 그림은 『주역사전』이 완성된 5년 뒤, 그의 나이 52세(순조 13, 계유, 1813) 때에 이루어진 것이기 때문에 이른바 야광주는 이 그림 속에서도 그 광채를 발하고 있을 터이지만 오늘날의 사람들이 제대로 알아보지 못한다. 어쩌면 이 두 마리 새는 딸에게 부부의 도리를 그림으로 가르치려 한 것일 수도 있다. 다산의 숱한 가계(家誡)에서 보듯, 자식을 바로 가르치려 하는 다산의 열의는 적거의 처지가 되고부터 더 절절했던 것 같다. 이 그림의 왼쪽 여백에 씌어 있는 작은 글씨의 후기에서도 그렇다.

> 내가 강진에 귀양살이한 지가 수년이 넘었다. 홍(洪)부인이 헌 치마 여섯 폭을 보내 왔는데 해가 묵어서 붉은 빛이 바랬다. 이것을 잘라 네 개의 첩(帖)으로 만들어 두 아들에게 보내고 그 나머지로 작은 가리개를 만들어 딸아이에게 보낸다. —— 余謫居康津之越數年 洪夫人寄敝裙六幅 歲久紅濡 剪之爲四帖 以遺二子 用其餘爲小障 以遺女兒.

다산은 딸을 강진으로 데려와서 강진에 사는 친구 윤서유(尹書有)의 아들이자 자신의 제자인 윤창모(尹昌模, 1795~1856)에게 시집보내고 난 뒤 울적한 심정을 달랠 길 없었던 모양이다. 이 그림은 시집간 딸을 위해 그린 거다. "가경 18년(순조 13, 계유, 1813) 7월 14일에 다산의 동암에서 쓰다."라고 하였으니 다산은 갓 마흔 살에 아내와 이별한 지 12년이 되었고, 풍병을 앓고 있는 것도 12년, 너무 일찍 일그러진 52세의 초로가 되어 버렸다. 예나 이제나 늙어지면 외로운 법인데 하물며 귀양살이하는 죄인이겠는가. 이들 내외는 한창 좋은 시절을 이렇게 하여 다 보낸 거다. 붉은 빛이 바랜 그 치마는 시집올 때 입고 온 다홍치마[紅裳, 紅裙]였고 그것을 보내는 마음이나 받는 마음이나 가만히 생각해 보면 가슴이 저려 온다. 부인의 체취라곤 이 치마뿐인데 이제 그 치마 여섯 폭(「霞帔帖題」에서는 '敝裙五幅'이라고 되어 있다. 착각일 뿐 같은 치마다.)을 잘라서 두 아들에게는 3년 전(다산 49세, 순조 10, 경오, 1810)에 '하피첩'(霞帔帖)을 만들어 거기에 근검(勤儉)을 가르치는 교훈을 써서 보내고[21] 딸에겐 매조도를 그려 보내고는 있지만, 통한의 세월을 살아 온 그의 심신은 폭 썩어 허물어져 가는 늙은 매화의 밑동처럼 되고 말았으리라. 행서체와 초서체를 섞어서 연달아 내리쓴 화제(畵題), 그

---

21)「又示二子家誡」에 '勤儉'의 구체적 내용이 나온다. 하피(霞帔)란 홍군(紅裙)의 전용된 말이다.「霞帔帖」이 2006. 4. 2. KBS 명품진품 시간에 처음으로 출품되었다. 감정가 1억원.

시어들이 여백의 대부분을 차지하는 데에서 도리어 그의 적적한 심정을 읽기란 그다지 어렵지 않다. 여백이 여백으로만 남겨지지 않은 건 까닭이 여기에 있으리라. 사언으로 끊어서 번역문과 함께 적어 본다.

翩翩飛鳥　훌쩍 날아온 새
息我庭梅　내 집 뜨락 매화나무에 사는구나

有烈其芳　아름다운 그 향기에
惠然其來　즐거이 왔나 보다

爰止爰棲　머물기도 하고 깃들기도 하여
樂爾家室　제 집인 양 즐기는구나

華之旣榮　꽃 피어 흐드러졌으니
有蕡其實[22]　많은 열매 맺겠네

다산 가신 지 170년(2006년 기준), 나는 다산의 이 시에 외람

---

22) '惠然其來'는 『詩經』 「邶風」의 「終風」章에 나오는 '惠然肯來'에서, '爰止爰棲'는 「邶風」의 「擊鼓」章에 나오는 '爰居爰處'에서, '樂爾家室' '有蕡其實'은 「周南」의 「桃夭」章에 나오는 "桃之夭夭 有蕡其室 之子于歸 宜其家室"에서 각각 원용한 것으로 생각된다.

되게 한 수를 덧붙여서 읊어 본다.

누가 내 그림에 둥치가 없다 하는가
풍상에 썩은 밑동 내가 차마 못 그린다

 아내가 미워지고 딸한테서 서운한 생각이 들 때면 나는 가끔 이 매조도를 들여다본다. 갑자기 창 밖에는 봄볕이 가득하고 나는 스르르 낮잠이 늘어진다.

14. 다산의 여자

 1810년 9월 어느 날 순조 임금의 능행(陵行) 길에 미친 듯이 징을 치는 한 사나이가 있었다. 아버지의 사면을 호소하는 다산의 장자 정학연이었다. 이른바 이 격쟁(擊錚)으로 해서 마침내 임금으로부터, 석방시켜 주마는 약속을 받았다. 다산초당은 말할 것도 없고 온 강진 고을이 술렁거렸다. 귀양살이 10년이 이로써 끝나는가 싶었다.

그러나 누가 알았으랴! 이제나저제나 애타게 기다려도 석방 통보가 오지 않았다. 악당들의 농간 때문이었다. 다산과 그 제자들은 차차 초조해지고 급기야는 낙담하고 분노하고 체념하고 절망하기에 이르렀다. 한번만 허리를 굽혀 악당들과 타협하기를 장자 학연이 다산께 간하였으나 다산은 진노했다. 그렇게 세월이 8년이나 흐른 뒤 이태순(李泰淳)의 절절한 상소로 1818년 8월에서야 석방 통보가 도달했다. 이것이 당시 집권세력 노론 벽파의 작태였으니 나라꼴은 알만하지 않는가.

　강진을 떠날 준비가 착착 진행되었다. 8월 그믐날 밤에 다산의 제자 윤종기(尹鍾箕)가 주축이 되어 모임을 갖고 계를 만들기로 했다. 회원은 이유희 이강희 형제, 정학연 정학유 형제, 초당 주인 윤단(尹慱)의 손자인 윤종기, 윤종벽, 윤종심, 윤종두, 윤종삼, 윤종진 그리고 정수칠, 이기록, 이택규, 이덕운, 윤아동, 윤자동, 윤종문, 윤종영 등 이른바 초당 18제자이다.「다신계절목」을 살펴보면 누가 그 스승에 그 제자 아니랄까 봐서 그 절목이 주도면밀하기 그지없었다. 다산이「다신계절목」을 보완하고 추인하면서 그 벽두에서 이렇게 말했다. "사람을 귀하게 여기는 것은 신의가 있기 때문이다." 신의를 안 지키면 짐승과 다를 것이 없다고도 했다. 사람이 신의를 안 지켜 짐승이 된 짐승한테 수없이 해코지 당했던 다산이 아니었던가. 또「다신계절목」끝에「읍성제생좌목」(邑城諸生座目)을 추가하게 했다. 손병조, 황상, 황경, 황지초, 이청, 김재정 등 가장 어려웠던 사의재 시절에 고락을 함께 했던 제자 여섯이다. 이것이 이른바 다신계(茶信契)이다. 다산은 18년 동안에 다섯 곳에 열여덟 마지기 땅을 소유하고 있었다고 하니 참으로 놀라운 인물이 아닌가.

한편 제자들은, 1810년 임금의 사면 약속이 있자 오늘 같은 날을 대비하여 매월 얼마씩 돈을 모으고 있었는데 이제 그들은 스승의 행장에 곗돈 35냥을 꿰어 드리고 스승의 분부대로 토지를 계답(契沓)으로 전환했다.23)

다산은 백련사와 대둔사의 승려들과도 「전등계」(傳燈契)를 맺고 있었다. 이 계의 내용은 기록이 없어 자세히 알 수가 없지만 아암(兒菴) 혜장(惠藏)과 초의(草衣) 의순(意恂)을 비롯한 승려들과의 사제의 인연은 두터웠다. 아암은 7년 전에 입적했지만 초의 등 다른 승려들과는 이별을 하게 되었다.

다산이 강진을 떠나던 날 이청을 비롯한 제자 몇몇이 이삿짐

---

23) 계답으로 전환했다고 해서 소유권이 넘어간 것은 아니다. 다산은 해마다 다신계의 회계보고를 받으며 자신을 위한 상당한 지분을 챙겼던 것 같고 그 가운데는 다봉(茶封) 즉 차도 포함되어 있었다. 세월이 흐르자 이 약조는 잘 지켜지지 않았을 뿐만 아니라 제자들은 스승에게 청을 넣어 한자리 해 보겠다고 너도나도 들떠 있었다. 다산은 졸리다 못해 전라도로 내려가는 과거 시험관에게 부탁해 볼 것이니 한 사람만 선정해 달라고 한 적이 있었는데 제자들은 서로 다투며 노골적으로 스승에 대한 불만을 터트리기도 했다. 오랜 세월 스승을 받들며 장차 스승이 해배되면 스승의 연줄로 벼슬길에 나아가게 되려니 했었지만 조정의 상황은 이미 변해서 다산의 인맥은 소원해진 터라 각주구검(刻舟求劍)이랄까, 제자들은 닭 좇던 개 울 쳐다보는 처지가 되어버린 거다. 이렇게 되자 사제의 관계는 단순한 이해관계로 전락하게 되었다. 茶信契는 無信契가 되었노라고 다산은 탄식했다. 茶山學團은 드디어 허물어지고 만 것이다.(정민, 전게서 pp. 386~398 참조.)

을 꾸려 앞장서서 스승을 모셨다. 책을 실은 수레가 뒤뚱거리며 굴러가는 그 일행의 맨 끝에 양미간에 짙은 우수를 머금은 한 젊은 여인이 대여섯 살배기 딸아이를 걷기도 하고 업기도 하면서 따르고 있었다.

　다산은 고향으로 돌아가는 길에 만감이 교차했다. 1801년 동짓달 추운 날에 강진에 와서 거처를 못 정해 이곳저곳 기웃거리다가 동문 밖 한 노파의 주막집에 거소를 정한 뒤 한때는 절간으로 한때는 이청의 집으로 이리저리 떠돈 세월이 8년, 마침내 다산의 외족 윤단의 산정인 다산초당으로 거처를 옮기고 다시 흐른 세월이 10년, 회고하면 참으로 스산한 유락(流落)의 세월이었다. 처음 8년은 떠돌이 생활로 마음이 흔들렸지만 다산초당 시절은 신변이 비교적 안정되어 학문에 몰두할 수가 있었다. 그러나 제자의 수가 아들 둘을 비롯해서 18명에 이르렀고 혜장이며 초의 같은 승려들도 무시로 들락거렸것다, 다산초당의 살림살이는 번다할대로 번다해졌다. 세 끼 식사만 해도 그렇고 빨래며 청소도 그랬다. 초당에 정착하고부터 혜장의 배려로 어린 중 하나가 수발을 들었으나 일이 벅차서 나중엔 종을 들였는데 이 녀석이 워낙 게을러서 쫓아냈다. 저술에 바쁜 사내들만으로는 갈마들며 번을 들긴 했지만 감당하기가 어려운 지경에 이르게 되었다. 해배는 이미 물 건너 간 것 같고 다산은 지병인 중풍이 악화되어 폐인이 되다시피 되었다. 병든 황새가 황원(荒原)에 누웠다 할까. 다산은 죽어서 강진 땅에 묻힐 작정을 하고 있었다.

이때 살림을 맡아 할 여자를 들여야겠다고 윤단의 아들 윤규노(尹奎魯)가 간곡하게 권했다. 다산은 듣지 않고 한두 해 더 견뎌내다가 마침내 산궁수진처(山窮水盡處)에 이르자 도리 없이 주위의 권유에 응하고 말았다. 1812년경, 강진 포구의 남당(南塘)에 살던 정씨 여인을 들였다. 이 여인이 속칭 '남당네'이다.

두릉에 도착한 날이 9월 14일이었다. 남당네의 운명은 장차 어찌 될 것인가? 한편 다산의 본처 홍씨 부인은 또 얼마나 황당했겠는가? 남편을 유배지로 보내고 임을 그리며 밤을 지새우길 몇 핸데, 믿었던 사람이 절룩거리는 대머리 늙은이가 되어 돌아오면서 젊은 첩을 끼고 그것도 혹까지 달고 왔으니, 이미 듣고는 있었지만 막상 눈앞에 나타나자 억장이 무너질 노릇이었다. 다산의 처첩 간에 어떤 일이 벌어졌는지, 그에 대한 기록은 없다. 그러나 다산이 죽은 며느리 심씨를 위한 「효부심씨묘지명」(孝婦沈氏墓誌銘)에서, "시어머니의 성품이 속이 비좁아 마음에 덜 들었다."(姑性隘少可意)라고 한 것이라든가, 학유가 강진에서 고향으로 돌아갈 때 써 준 「신학유가계」(贐學游家誡)에서, "나와 네 어머니는 지기다. 다만 속이 좁은 것이 흠이다."(吾汝慈之知己

嘗曰吾內無病 唯量狹爲疵)라고 한 것 등으로 미루어보건대 남당네는 아마도 홍부인의 투기와 구박을 견뎌낼 수가 없었을 것 같다는 생각을 떨쳐 버릴 수가 없다.

남당네는 쫓겨났다. 그 후의 그녀의 사정은 작자 미상의 「남당사」(南塘詞) 16수가 잘 말해 주고 있다.

「남당사」의 서문을 옮겨 본다.

> 다산의 소실이 내침을 당해서 양근(陽根) 사람 박생(朴生)이 가는 편에 딸려 강진의 남당 본가로 돌아가게 되었다. 박생은 그녀를 데리고 장성 읍내에 이르자 그 곳 부자인 김씨와 짜고 그녀의 절개를 꺾으려 했다. 그녀가 이 사실을 알고 크게 울면서 마침내 박생과 단절하고는 곧바로 금릉(金陵, 강진의 별칭)으로 갔는데 남당의 친정으로 가지 않고 곧장 다산초당으로 갔다. 날마다 연못이며 누대며 초목 사이를 서성거리며 서러워하고 원망하는 마음을 부쳤는데 금릉의 악소배(惡少輩)들이 그곳 경내를 감히 한 발짝도 넘보지 못했다. 나는 이런 사실을 듣고서 매우 마음이 아파「남당사」열여섯 절구를 지었다. 가사는 모두 여인의 마음을 파악해서 나타낸 것일 뿐 하나도 보탠 말이 없다. 읽는 이들이 살피기 바란다.

「남당사」 16수를 여기에 옮겨 본다.

1.
남당포 강 위가 저의 집인데
어인 일로 귀의하여 다산에 머물렀나
낭군이 앉아 있던 곳 알고자 한다면
연못가에 손수 심은 꽃이 여태도 있단다

2.
남당의 어린 여자가 뱃노래를 해득했는데
밤이면 강루에 올라 흰 물결을 희롱했네
장사꾼은 먼 이별을 그리 쉬이 한다지만
장사꾼은 그래도 왕래나 자주 하지

3.
돌아갈 생각만 하는 임 이내 마음 슬퍼
밤마다 마음 향기 치닫기만 했네
어이 알았으랴 온 집안이 환영하던 날
도리어 어린 여자 명도가 기박해질 것을

4.
어린 딸 총명함이 제 아비와 같아
아비를 부르며 왜 안 돌아오냐고 우는구나

한(漢)나라 소통국(蘇通國)은 속량(贖良)되어 왔다는데
무슨 죄로 어린 딸이 또 귀양살이 한단 말인가24)

5.
정씨 집서 월족(刖足)하고 김씨한테 단비(斷臂)하니
사람 시켜 강포하니 원망 어이 깊지 않으리
어이 알았으리 못된 장난 다시 만나
양근 박가(朴哥) 돌아와 이 마음 들어낼 줄을25)

6.
베 짜기와 바느질은 도무지 관심 없고
일없이 등불 돋워 밤이 하마 깊었구나
곧바로 오경에 이르러 닭울음소리 파한 뒤
옷 입은 채 벽에 떨어져 홀로 신음하네

---

24) 소통국(蘇通國)은 한(漢)나라 때 소무(蘇武)가 흉노한테 19년 동안 억류되어 지낼 때 소무(蘇武)와 호녀(胡女) 사이에 난 아들이다. 뒤에 아버지를 따라 중국으로 돌아와 선제(宣帝)로부터 낭중(郎中)을 제수 받았다. 다산의 「자찬묘지명」(집중본)에도 소무에 대한 언급이 있다.

25) 월족(刖足) : 발꿈치를 베는 고대의 형벌.
단비(斷臂) : 五代 때 왕응(王凝)의 아내가 남편의 시신을 모시고 귀향하던 중 어느 여사에서 유숙을 청하자 주인이 그녀의 팔을 잡고 밖으로 내쳤다. 그러자 그녀는 수절의 몸을 더럽혔다고 자책하며 도끼로 자신의 팔을 잘랐다는 고사.

7.
절대문장에 세상에 드문 재주시니
천금으로도 한번 접하기 오히려 어려우리
겨울 까마귀 봉황을 짝했으니 원래 짝이 아닌 것을
천한 몸 과한 복이 재앙 될 줄 알았다오

8.
흙 나무 마음인가 돌사람인가
고금을 통틀어서 끝내 짝 어려워
깨진 거울 다시 둥글 수 없다 하여도
그대 집 부녀 천륜 차마 어찌 끊을까

9.
흩어진 화장 떨군 비녀 남이 볼까 두려워서
웃다가 찡그림을 단지 홀로 안다네
낭군 마음 그래도 그리움이 있다면
반쪽 침상에 때로 꿈에나 올 때가 있을지

10.
물 막히고 산 막혀 기러기 또한 소원하니
해가 가도록 광주 편지 받아 보지 못했네
어린 여자 오늘에 천만 가지 고통은
낭군께서 떠나기 전의 처음만 생각나네

11.
석 자 칼로 긋어 이 가슴 쪼개면
가슴속에 임의 모습 뚜렷이 보이리
이용면(李龍眠)의 솜씨로 그린다 하더라도
정성이 저절로 하늘 조화를 빼앗으리

12.
홍귤촌 서쪽에는 월출산인데
산머리 바위가 흡사 돌아올 사람 기다리듯
이 몸 만 번 죽어도 오히려 한이 남겠거니
원컨대 산머리의 한 조각 돌이 되려오

13.
엄자산(崦嵫山) 햇빛조차 그대 위해 슬퍼하니
늙기 전에 못 만나 한이야요
해와 달을 묶어 둘 재주 없지만
여생의 생이별을 어이 견딜거나

14.
외로운 집 사람 없이 그림자 안고 자니
등불 앞 달빛 아래 옛 인연이구나
서루(書樓)와 침실이 꿈결에 희미하고
베갯머리 절반에 울던 흔적 남아 있네

15.
남당 봄물에 안개가 절로 일고
모래섬 버들 물가엔 꽃이 객선을 덮는구나
하늘가 곧장 가서 길이 하나 통한다면
가는 편에 아이 태워 소내에 닿을 텐데

16.
남당가의 노래 곡조 여기서 그치리니
노래 곡조 소리마다 절명의 가사라요
남당가 곡조를 부르지 않아도
마음 등진 사람은 스스로 등진 마음 알리라

다산 본가에서 내침을 당한 남당네는 도중에서 하마터면 훼절마저 당할 뻔했다. 가라는 친정으로는 안 가고 임의 체취가 배어 있는 다산의 초당으로 가서 일편단심, 임을 그리며 칭얼거리는 어린 딸 홍임(弘任)이와 한 맺힌 세월을 보냈다. 「남당사」 제15수를 본다면 남당네는 뒷날 친정으로 들어간 것 같기는 하다.
누가 이 「남당사」를 지었을까? 다산이 지었다는 사람도 있고 아니라는 사람도 있지만 나는 다음과 같은 이유로 다산이 지은 것으로 생각한다. 첫째 딴 사람이 지었다면 굳이 익명으로 할 이유가 없다. 둘째 극히 사소한 사물도 그냥 스치는 법이 없이 시나 글로 남기길 좋아하는 다산이 십 년 가까이 잠자리를 같이 했던 여자에 대해 아무런 기록을 남기지 않았을 리가 없다. 셋째 귀양지에서도 자식 걱정에 여일이 없었던 그가 유독 홍임 모녀에 대해서만 침묵했다는 것은 이해가 가지 않는다. 넷째 당사자가 아니면 알 수 없는 남녀의 은밀한 사정을 극명하게 묘사할 수가 없다. 다섯째 「자찬묘지명」(집중본)에서 다산은 회고하길, "당초 신유 년(순조 1, 1801) 봄 옥중에 있을 때 하루는 시름에 겨워 있는데 꿈에 한 노부(老父)가 꾸짖기를 '소무(蘇武)는 십구 년을 인내했는데 지금 그대는 십구 일의 고통을 못 참는가?'라고 하였다."라는 꿈 이야기가 나오는데 이 이야기와, 「남당사」 제4수에서 소무의 아들 소통국을 들먹인 것을 연계시켜 볼 수가 있다.

전해오는 믿을 만한 얘기로는 남당네는 먼 훗날 서울서 살았다는 말도 있고 보면 다산이 남당네를 끝내 저버리진 않았는지도 모를 일이긴 하다.

나는 이 「남당사」로 해서 다산의 맨살 냄새에 어지러이 취한다.

15. 다산의 두 번째 매조도

           다산의 매화 그림은 고려대학교 박물관에 소장되어 있는 것만이 아니었다. 개인이 소장하고 있던 또 하나의 매화 그림이 2009년 6월에 세상에 공개되었다. 크기는 고려대학교 박물관 소장의 것과 똑 같고 구도는 아주 닮았다. 그림의 3분의 2가 넘어 뵈는 아래 부분의 여백이 여백으로 남지 않고 시와 그 옆에 덧붙인 작은 글씨로 꽉 채워진 것도 전의 그림을 빼닮았다.

그림의 오른쪽 상단에서 약간 아래로 처지면서 왼쪽으로 뻗은 가지는 전의 그림보다 훨씬 성기고 단조롭다. 활짝 핀 백매화 꽃이 여덟 송이 가량 되고 봉오리는 열 개쯤으로 보인다. 드문 착화(著花)를 보면 고매(古梅)가 분명하다. 전의 것은 두 마리의 새가 서로 어긋매껴 있지만 이번 그림에는 한 마리뿐이다. 새가 바라보는 방향도 전의 그림은 왼쪽인데 반해 이 그림은 오른쪽이다. 둥치 쪽이다. 보관상태가 좋아서 그런지 전의 그림과는 비교가 안 될 만큼 선명하고 아름답다. 그러나 이상하다. 풍기는 느낌이 전의 그림과는 판이하다. 전의 그림은 아늑한 기분이 드는데 반해 이번 것은 바라보고 있노라면 어쩐지 마음이 짠해진다. 외롭게 보이는 한 마리 새 때문인 것 같다.

시와 그 옆의 글을 옮겨 본다.

> 묵은 가지 쇠하고 썩어 그루터기 되려더니(古枝衰朽欲成槎)
> 뽑아낸 푸른 가지가 꽃을 피웠네(擢出靑梢也放花)
> 어디서 날아온 채색 깃 작은 새(何處飛來彩翎雀)
> 다소곳이 머무는 한 짝이 천애에 떨어졌구나(應留一隻落天涯)
>
> 가경 계유 팔월 십구일 자하산방에서 써서(嘉慶癸酉八月十九日
> 書于紫霞山房)
> 혜포 터알에 씨 뿌린 늙은이에게 주려고 한다(擬贈種蕙圃翁)

자하산은 다산이란 산의 다른 이름이니 자하산방이란 다산초당이다. 계유년이면 1813년이니 고려대학교 박물관 소장의 매조도와 같은 해에 그린 것이다. 7월 14일에 딸에게 줄 그림을 그리고 불과 한 달 남짓 후에 이 그림을 그린 것이다.

다산이 1801년 동짓달 추운 날에 강진에 와서 거처를 못 정해 이곳저곳 기웃거리다가 동문 밖 한 노파의 주막집에 거소를 정한 뒤 한때는 절간으로 한때는 이청의 집으로 이리저리 떠돈 세월이 8년, 마침내 다산의 외족 윤단의 산정인 다산초당으로 거처를 옮기고 다시 흐른 세월이 10년, 회고하면 참으로 스산한 유락(流落)의 세월이었다. 처음 8년은 떠돌이 생활로 마음이 흔들렸지만 다산초당 시절은 신변이 비교적 안정되어 학문에 몰두할 수가 있었다. 그러나 제자의 수가 아들 둘을 비롯해서 18명에 이르렀고 혜장이며 초의 같은 승려들도 무시로 들락거렸것다, 다산초당의 살림살이는 번다할 대로 번다해졌다. 세 끼 식사만 해도 그렇고 빨래며 청소도 그랬다. 초당에 정착하고부터 혜장의 배려로 어린 중 하나가 수발을 들었으나 일이 벅차서 나중엔 종을 들였는데 이 녀석이 워낙 게을러서 쫓아냈다. 저술에 바쁜 사내들만으로는 갈마들며 번을 들긴 했지만 감당하기가 어려운 지경에 이르게 되었다. 해배는 이미 물 건너 간 것 같고 다산은 지병인 중풍이 악화되어 폐인이 되다시피 되었다. 병든 황새가 황원(荒原)에 누웠다 할까. 다산은 죽어서 강진 땅에 묻힐 작정을 하고 있었다.

이때 살림을 맡아 할 여자를 들여야겠다고 윤단의 아들 윤규

노(尹奎魯)가 간곡하게 권했다. 다산은 듣지 않고 한두 해 더 배겨내다가 마침내 산궁수진처(山窮水盡處)에 이르자 도리 없이 주위의 권유에 응하고 말았다. 1812년경, 강진 포구의 남당(南塘)에 살던 정씨 여인을 들였다. 이 여인이 '남당네'이다. 이 여인의 몸에서 태어난 딸이 홍임(弘任)이다.

줄기 하나에 두 개 이상의 꽃이 피는 것을 혜(蕙)라 하고 줄기 하나에 한 개의 꽃이 피는 것을 난(蘭)이라 하지만 통상 둘 다 난이라 한다. 또 여기의 포(圃)는 정(庭)의 뜻이다. 둘 다 담장 밖의 텃밭이 아니라 담장 안의 터앝이다. 혜포(蕙圃)는 난정(蘭庭)과 같은 말인데 자식을 뜻한다. 종(種)은 '씨를 뿌린다.'는 뜻인데 여기서는 '자식을 낳는다.'는 뜻이 된다. 따라서 '종혜포옹(種蕙圃翁)' 즉 '혜포 터앝에 씨 뿌린 늙은이'란 말은 '자식을 낳은 늙은이'란 말이 된다.

혜포가 자식(子息)을 뜻한다면 딸을 시집보낸 뒤 한 달 만에 자식을 둔 셈이 되겠는데 그 자식은 누군가. 새로 들인 소실의 몸에서 태어난 홍임이 말고는 없다. 따라서 '혜포 터앝에 씨 뿌린 늙은이'란 다산 자신이다. 농와지경(弄瓦之慶)을 은유했다고나 할까. 이 그림은 새로 태어난 어린 딸을 위해서 그렸으니 응당 딸에게 줘야겠지만 딸이 아직 어리니 그 어미에게 줬어야 마땅할 텐데 주지 못한 모양이다.

전의 그림은 딸에게 준다고 분명히 말했는데 이 그림에서는 딸에게 준다는 말 대신에 '혜초 터알에 씨 뿌린 늙은이'(種蕙圃翁) 곧 다산 자신에게 '주려고 한다'(擬贈)라고 했다. 무슨 말인가?

홍부인이 보내온 다홍치마를 잘라서 아들에게 교훈을 써서 만든 「하피첩」(霞帔帖)을 보낸 3년 뒤 그 자투리로 시집가는 딸에게 매조도를 그려 보내고도 남은 천이 또 있었던 모양이다. 새로 태어난 딸을 위해 그림을 그렸으나 홍임이는 아직 어리고 홍임이 모에게 이 그림을 주려했으나 그녀는 이 그림을 받지 않았을 것 같다는 생각이 든다. 그림의 바탕이 된 천은 본처인 홍부인의 치마이기 때문이다. 전처가 쓰던 가구는 모조리 치워버리는 것이 후처의 마음이라 하는데 하물며 홍부인이 서슬이 시퍼렇게 살아 있지 않는가. 같은 여자로서의 미안한 마음과 투기, 그리고 두려움 같은 것이 뒤엉켜 홍임이 모는 그 그림을 얼른 받을 수가 없었던 거다.

이 그림에서 다 썩어가는 둥치는 다산이요, 새는 홍임이다. 이때 다산은 3년 전에 장자 학연의 격쟁(擊錚)으로 해서 임금으로부터 해배 약속을 받고 통보만 기다리고 있던 때이다. '내가 여길 떠나고 나면 저 어린 것은 천애의 고아처럼 되겠지…'라는 애틋한 심정이 왜 안 들었겠나. "다소곳이 머무는 한 짝이 천애에 떨어졌구나!"라는 시구는 바로 다산의 그런 심경을 나타낸 것이라 하겠다.

 이 그림은 9년 동안 다산 자신이 갖고 있다가 다산의 과거시험 동기인 이인행(李仁行)에게 주었다고 한다. 왜 그랬을까? 그 무렵 홍임이가 아홉 살이나 열 살쯤 되었을 텐데 그때 홍임이가 죽었거나 홍임이의 신상에 큰 변고가 생겼던 것이 아닌가 싶다. 다산은 해배 후 18년의 세월이 귀양살이 하던 18년보다 마음이 더 아팠을 것 같다.

16. 중풍에 걸려 서른다섯 해

'정약용'이라 하면 누구나 먼저 오랜 귀양살이와 그의 방대한 저술이 생각날 것이다. 그는 귀양을 가기 전에도 또 귀양살이에서 풀려 난 뒤에도 숱한 저술을 남겼지만 그는 스스로 말하길, 강진에 유배된 이듬해부터는 저술하는 것으로 업을 삼았다고 했다.(「示二子家誡」, 嘉慶 戊辰 中夏 與猶病翁 書于茶山精舍)

그는 마침내 그의 나이 47세(순조 8, 1808) 겨울에 이르러, 그러니까 적거한 지 7년 만에 스스로 야광주에 비겼던 『주역사전』이라는 참으로 기이한 주역해설서를 완성하게 되었다. 그러나 이때 이미 풍비(風痺)로 폐인이 되어 버렸다고 친구 윤영희(尹永僖)에게 보내는 서찰에서 스스로 토로했다. 이러한 증세는

『주역』연구에 착수하기 이전부터 나타나고 있었다. 마흔 살(순조 1, 辛酉, 1801)이 되던 해 동짓달에 강진으로 이배되기에 앞서 봄에 장기(지금의 포항시 남구 장기면 마현리)로 유배되던 때 두 아들에게 보낸 서찰에서 "왼팔은 아직도 예전과 같지 않다."느니(6월 17일), "팔이 저려서 이만 줄인다."느니 했고(9월 3일), 장기에서 지은 「기성잡시」에서는 "봄을 나자 습증이 중풍으로 변했는데 북녘 태생이 남쪽 음식에 적응을 못해서다."라고 했다. 이러구러 『주역사전』이 완성되던 무렵에는 폐인이 다 된 모양이었다.

『주역사전』이 완성되던 그의 나이 47세 때 「두 아들에게 보이는 가계」[示二子家誡](嘉慶 戊辰 中夏 與猶病翁 書于茶山精舍)에서 "왼쪽 어깨에 마비 증세가 나타나 마침내 폐인의 지경에 이르렀고…"라고 했는가 하면, 49세(庚午, 1810) 중춘(仲春)에 다산의 동암(東庵)에서 장자 학연에게 주는 「학연에게 보이는 가계」[示學淵家誡]라는 글에서 "나는 지금 풍병으로 사지가 불인하니 이치로 보아 오래 살 것 같지 않다."[吾今風痺癱瘓理不能久]라고 했다.

이듬해 50세 때 어느 겨울날 그의 중씨 정약전에게 보내는 서찰에서 그는 이런 말을 했다.

차차 하던 일을 정리하고 인제는 치심(治心) 공부에 힘쓰고 싶은데, 중풍은 이미 뿌리가 깊어졌습니다. 입가에는 늘 침이 흐르고 왼쪽 다리는 늘 마비 증세를 느끼고 머리 위에는 언제나 두미협(斗尾峽: 현재 팔당댐이 있는 협곡) 얼음 위에서 잉어를 낚는 늙은이의 솜털 모자를 쓰고 있습니다. 근래에는 또 혀가 굳어져 말이 어긋나 스스로 목숨이 길지 않을 것을 알면서도 한결같이 밖으로만 치달리니 이는 주자가 만년에 뉘우친 바입니다. 어찌 두렵지 않으리까? 그러나 정좌하여 마음을 맑히고자 하면 세간 잡념이 천 가닥 만 가닥으로 분분하고 어지러워 다잡을 수 없습니다. 차라리 치심 공부가 저술하는 것만 못하니 이 때문에 곧바로 그만두지 못합니다.

아직 50세의 초로인데도 혀가 굳어 말이 어긋나고, 입가엔 침을 질질 흘리며, 솜털 모자를 쓰고 절름거리는 중풍 환자의 모습이 눈에 잡힐 듯 선하다. 이때, 병을 앓은 지가 10년이 넘어서고 있었고, 따라서 곧 죽을지도 모른다는 강박관념이 늘 그를 엄습했던 것 같다. 57세에 해배되어 고향에 돌아간 뒤 환갑을 넘기고도 서찰에서 그는 가끔 중풍증을 언급하고 있지만 여전히 저술은 계속되었다.

그는 저술에 전념하는 까닭을 그의 형에게 한 말과는 달리 이미 이보다 10년 전인 40세 때 장기로 귀양을 가서 두 아들에게 보낸 서찰에서 이렇게 말했다.

　　내가 저술에 전념하는 것은 단지 눈앞의 근심만을 잊으려는 것뿐이 아니다. 아비가 되어서 이토록 누를 남긴 것에 대해 이로써 허물을 씻기 위해서이니…….

자손에 대한 허물을 씻기 위해서이든[贖愆], 어지러운 잡념을 잊기 위해서이든 그의 방대한 저술은 거의가 투병 과정에서 이루어졌다는 사실을 아는 사람이 많지 않다. 마흔 살부터 일흔다섯 살에 세상을 하직할 때까지 35년 간 중풍을 앓으며 과골삼천(踝骨三穿), 복사뼈가 세 번이나 파이도록 저술에 전념했다. 일표이서(一表二書)와 같은 대표작들의 대부분이 해배 전후의 만년에 이루어졌을 뿐만 아니라 죽기 이태 전인 73세에 『상서고훈』과 『지원록』을 고쳐 합편한 것이라든가 『매씨서평』을 개정한 사실만 보더라도 그의 학문에 대한 열정과 사명감을 미루어 알 만하다 하겠다.

17. 천도(天道)를 묻다

열 너덧 살 무렵이었다. 『주역』(周易)은 내게로 정명처럼 다가왔다. 광복이 되고 왜놈들이 물러갔지만 남북은 갈라지고 세상은 뒤숭숭하여 앞을 내다볼 수 없는 불안한 그 시절에 아버지는 역학 대가 이야산[李也山, 名: 達, 號:也山, 1889(己丑)~1958(戊戌), 延安人] 선생의 문하로 들어가시게 되었으니, 나는 저절로 『주역』을 접하게 된 거다. 농한기면 아버지는 부여로, 안면도로, 그리고 광천 등지로 야산 선생을 찾아가셨다. 일제 말엽에 난리를 피하려고 병화가 미치지 않는다는 '우복동'(牛腹洞)을 찾아 이사를 다녔던 아버지였기에, 공부를 한다기보다는 난세에 처하여 야산 선생을 정신적 지주로 삼았던 것 같다. 『주역』을 학문으로 공부한다기보다는 종

교로 삼았다고나 할까. 『주역』을 주문으로 여기고, 야산 선생을 교주처럼 섬기고, '해인'(海印)이란 인영을 부적이려니 하고 남몰래 깃고대 속에 갈무리하고, '여의단'(如意丹)이란 환약을 선약인 양 몸에 지니고 다녔던 야산의 제자들은, 이리하여 병화며 무명악질을 피할 수 있으리라고 하나같이 믿었던 모양이니, 지금 생각해 보면 웃음이 절로 나온다. 그러나 비록 제자의 소행이었다고는 하지만 이 해인과 여의단으로 하여 선생의 여향(餘香)에 한 점 누를 남겼다고 하지 않을 수가 없다. 안타까운 일이다. 여의단이란 일종의 하제(下劑)에 불과했고, 해인이란 의상대사의 「법성게」(法性偈: 華嚴一乘法界圖)에서 문자를 빼고 도형만 색인 도장의 인영이었다.

 야산 선생은 앞이 조금은 보였던 모양이다. 많은 제자들을 이끌고 서쪽 바다 안면도로 들어가자 드디어 6·25가 터졌다. 야산 선생과는 달리 아버지께서는 많은 식솔들을 거느리고 피난길에 오를 수가 없었던지, 십리허에서 아홉 식구가 하룻밤 모기 밥이 되다가 이튿날 가족들은 굴비처럼 엮여서 집으로 돌아왔다. 돼지는 우리를 벗어나면 안된다고 하셨다. 낮에는 툭하면 방공호로 무슨 짐승처럼 기어들고, 밤이 이슥하면 아버지는 천문도(天文圖)를 손에 들고 하늘을 살폈다. 나는 아버지 곁에서, 장대를 휘두르면 금방이라도 우수수 떨어질 것 같은 총총한 별들을 덩달아 쳐다보면서 장대로 초롱초롱한 별 하나를 따고 싶었고, 은하수에 떠 있는 하얀 별들과 오작교와 견우직녀 이야기를 떠올리곤 했었다.

아버지 곁에서 별을 헤아리며 마침내 학교(중학교 1학년)를 그만두고 차라리 야산 선생 밑으로 들어가『주역』공부나 하는 것이 좋을 듯하다는 아버지의 말씀에 나는 귀가 솔깃해져 있었다.『주역』공부도 공부지만 아들을 야산 선생 밑으로 보내는 것이 난리를 피하는 길이라고 생각하셨던 아버지에 대해 어머니는 단식으로 무언의 항변을 하시고…….

이러구러 나의 소년 시절은 아이답지 않게『주역』을 읽고, 시초(蓍草)를 헤아리고, 「홍범」(洪範)이며 「법성게」며 야산 선생의 「부문」(敷文) 같은 걸 염불하듯 달달 외우고 그리고 가끔 참선을 흉내내는 것에 재미를 느끼고 있었다.

당시는 책이 퍽 귀할 때여서 아버지는 한 아름이 넘을 듯한『주역』을 빌려다가 붓으로 두 벌씩이나 닥종이에 베끼셨고, 몇 해 뒤에 나는 원문뿐만 아니라 주자(朱子)의『주역본의』(周易本義)를 철필로 한 벌 베꼈다. 겨울 방학을 기하여 꼬박 한 달쯤 방안에 틀어박혀 있어야 했는데, 기록을 보면 끝마친 날이 스물한 살 음력 정월 보름이었으니 이 무렵 나는 비로소 선철의 주석에 눈을 뜨기 시작한 셈이지만 원문은 뜻도 모르고 염불하듯 외우게 되었던 거다.

　이듬해 섣달(1956년 1월)에 야산 선생의 한 제자인 이용성(李龍成) 목사를 따라 부여로 야산 선생을 뵈러 갔다. 밤에도 불을 켜지 않고 신문을 읽으신다는 야산 선생을 만난다고 생각하니 잔뜩 들떠 있었다. 선생은 예순일곱 연세에도 노인 티가 별로 나지 않았다. 조금 깡마르고 꼬장꼬장해 보였으며 강렬한 눈빛이 사람을 압도했다. 그러나 밤이 되자 불을 밝혔다. 불을 끄고 신문을 보실 수 있느냐고 차마 물어 볼 수도 없는 노릇이었다. 뜻밖에도, 선생께서는 피우시던 담배개비를 가리키시며 어느 쪽이 처음이고 어느 쪽이 끝이냐고 내게 물었다. 내 입이 붙어 있자 선생은, 피우는 것으로 보면 입에 닿는 부분이 처음이고 타는 것으로 보면 타는 쪽이 처음이라고 했다. 다시 또 담배를 쌌던 은박지를 펴고서는 어느 쪽이 겉이고 어느 쪽이 속이냐고 물었다. 또 답이 없자 선생께서는 이번에는 설명은 않고 혼자 생각해 보라고만 했던 것 같다.

　야산 선생을 뵈온 지 이십 년이 넘어서고 있을 때였다. 어느 날 지금 국민대학교 교수인 김문환(金文煥) 박사가 대구를 지나는 길이라면서 내게 들렀다. '약전골목'에 야산의 제자가 『주역』 강의를 한다는데 만나 보지 않겠느냐고 했다. 말과는 달리 그는 그때 『주역』을 배우려고 매주 서울서 대구로 오르내렸던 모양이다. 야산의 제자라는 말에 귀가 쭝긋해져서 저녁 시간에 같이 갔다. 김병호라는 분이 아들과 같이 2층에서 자취를 하고 있었다. 나 또한 야산 선생의 제자라는 소릴 그가 듣고 반기면서 한다는 말이, 수요일에 서울에도 『주역』 강좌를 개설했다면서 대구의 수요일 강의를 나보고 맡아 줄 수 없겠느냐고 했다. 공직을 핑계로 거절했지만 사실은 내가 아는 것이 없어서였다. 아마도 이때가 이른바 야산역(也山易)이 세상에 빛을 보기 시작할 때였던 것 같다. 야산 선생은 입버릇처럼, 코쟁이가 가마 가지고 모시러 온다고 했다. 가마를 타고 미국으로 가서 『주역』을 강의할 날이 오기 전에 우리가 먼저 가마를 가지고 그들을 모시러 가야한다고 이죽거리는 사람도 있을지 모르지만, 아무튼 아산(亞山) 김병호씨는 이미 고인이 되었고 지금은 그의 제자들, 그러니까 야산의 손제자들이 더러 『주역』으로 영남 일대에서 활개를 치는 모양이니, 가마를 탈 수 있게 될지는 모르겠다. 지금 서울에서 『주역』 강좌를 개설중이라는 대산(大山) 김석진이라는 분을 나는 모르지만 아마 김병호씨와 더불어 야산 선생 당시에 비교적 젊은 제자였던 모양이니, 세상에 드러난 야산의 직제자를 찾기란 이 사람을 빼고서는 어려울 듯싶다. 그들이 아산이라 하고 대산이라 하지만 내가 야산 선생으로부터 '단강'(丹岡)(미성년자에겐 '山'자 대신에 '岡'자를 썼다.)이란 호를 받았듯이, 그들의 호가 그때 그 호인지 괜히 궁금해진다.

  1950년대까지만 해도『주역』은 아직 번역판조차도 나오지 않았고 한문으로 된『주역』책을 구하기도 퍽 힘들 때였다. 조선조에 멋들어지게 간행된 내각장판(內閣藏板)『주역전의대전』(周易傳義大全)과 그것을 대정 12년(1923)에 '조선도서주식회사'에서 책의 명칭을 바꾸어 철판활자본으로 간행한『원본주역』(原本周易)과, 같은 회사에서 주자의『주역본의』를 이름을 바꿔 간행한 철판활자본『정본주역』(正本周易)을 어렵게 만나 볼 수 있었는데 그게 전부인 줄로만 알았다. 1960년대 중반 그러니까 내 나이 삼십대 초반에 이르러서야 나는 겨우 대만 판 왕필(王弼)의『주역주』(周易注), 이정조(李鼎祚)의『주역집해』(周易集解) 등을 구득할 수 있었지만, 이처럼 책을 늦게야 구하게 된 것은 살기에 바빴던 탓도 있었다. 아무튼 이런 책들을 접하자 망양지탄(望洋之嘆)이 절로 나왔다. 이때부터 나의 서가에는『주역』뿐만 아니라 풍수지리, 명리(命理) 등 술수에 관한 책들도 하나의 코너를 이루게 되었다. 이 무렵 나는 주제넘게도 돈깨나 드는 고서 수집에 벽이 생겨서 마누라의 속을 꽤나 썩일 때였는데, 이용성 목사로부터『황극경세서』(皇極經世書)에 대한 이야기를 가끔 들었고, 또 야산 선생이 그의「부문」에서 '강절지경세'(康節之經世)를 강조한 바도 있고 해서 어떡하든 이 책을 구하려고 애를 태우다가 서울 인사동 골목의 온고당(溫古堂)이란 고서점에서 상해판 『황극경세서언』(皇極經世緒言)을 비싼 값에 구할 수가 있었다. 어렵게 느껴지는 원회운세(元會運世)의 수를 한 달 가량 불출호정(不出戶庭) 끝에 풀 수가 있었는데, 그때 나는 도통을 한 것으로 착각했던지 버럭 소리를 지르기도 하고 혼자 껄껄 웃기도 하여 마치 미친 사람 같았으니 참으로 가소롭지 않는가. 비록 역외별전(易外別傳)이라지만 『황극경세서』를 통하여 나는 소옹(邵雍)이라는 두 번째 스승을 만난 셈이다. 이때부터 『매화역수』(梅花易數), 『황극책수』(皇極策數), 『철판신수』(鐵板神數), 『하락이수』(河洛理數) 등에 관심을 갖기도 했다. 이 책들이 모두 소옹의 저작이랄 수는 없지만.

몇 해를 그러다가 어느 날 사흘돌이로 들락거리던 대구의 '남구서림'이라는 고서점에서 왜정 때 신조선사에서 발행한 『여유당전서』(與猶堂全書) 가운데 『주역사전』(周易四箋) 두 책(4책이 完帙)을 발견하고는, 세상에 정약용(丁若鏞)이 쓴 역전(易箋)도 있었구나 하고 덤덤히 책장을 넘기다가 나는 그만 헉, 하고 숨이 막혔다. 우연히 산삼을 만났다 할까. 나는 손을 덜덜 떨었다. 달라는 대로 얼른 주고 책을 낚듯이 하고는 허둥지둥 책방을 나왔다. 그리고는 한동안 아무 일도 없었노라 하고 그 책방에 발길을 뚝 끊어 버렸다. 이리하여 나는 사암(俟菴) 정약용이라는 세 번째 스승을 해후하게 되었고, 『주역사전』두 책은 비록 산질본이긴 하지만 내 서실의 가장 내밀한 곳에 신주처럼 모셔지게 되었다. 그 후 경인문화사의 영인본 『여유당전서』와 여강출판사의 영인본 『여유당전서』를 입수하게 되었다.

날이 갈수록 다산을 사숙하는 마음은 차라리 병이 되어 깊어져 갔고 다른 책은 통 읽을 수가 없어졌다. 누가 내 앞에서 『주역』을 말할 때 나는 마음속으로 다산역(茶山易)을 말했다. 첫 유배지인 경상도 장기 땅을 소요하고 이배지(移配地)인 전라도 강진 땅을 찾아가길 여러 차례. 마산리(마현리) 장기읍성, 신창리 바다에서는 속이 상했고, 고성사(高聲寺)며 다산초당(茶山草堂)을 어슬렁거릴 때에는 화가 나 있었다. 다산초당! 그 서실의 문중방에 눈빛처럼 어리는 봄 바다 위로 그리움을 띄워 보고, 숨죽여 흐느끼는 문풍지 소리에 겨울밤의 긴 시름을 얹어 보던 그 마음이, 가만히 천 길의 변화를 헤아렸던가. 19년 유락(流落)이 훗날 이토록 사람을 위대하게 만드는 까닭은 뭘까? (순수한 귀양살이는 정확히 만 17년 6개월여이다. 순조 원년〈1801〉음력 2월 8일 입옥, 동월 28일 출옥되어 장기(長鬐)로 유배, 같은 해 3월 9일 장기 도착, 11월에 강진(康津)으로 이배(移配). 순조 18년〈1818〉8월에 해배(解配). 9월 14일에 본제(本第)에 도착. 경신년〈1800〉의 유락(流落)을 합쳐서 19년 유락이라고 다산은 『자찬묘지명(自撰墓誌銘), 집중본

(集中本)』에서 스스로 말한다.)

　미꾸라지 양어장에는 미꾸라지의 천적인 메기를 조금 넣어 함께 기른다고 한다. 미꾸라지만 기르면 빈둥거리기만 하고 활기가 없지만 메기와 함께 기르면 메기에 쫓겨 잽싸게 몸을 사리는 미꾸라지는 그래서 더 잘 자라게 되고 살도 더 차지게 된다고 한다. 홍균(洪鈞)은 짓궂게도 사람을 두고서도 이같이 했나 보다. 그러나 정작 자신을 두고서는 진작 그런 줄을 깨치지 못하는 게 사람일 터이건만 다산은 달랐다. 다산의 위대성을 나는 여기에서 찾지만, 그러나 메기에 쫓겨 깜깜한 진흙 속에서 숨죽이는 미꾸라지를 생각하자면, 불운이 행운이라는 역설을 말하기란 참으로 고통스러운 일이다. 미꾸라지처럼 깜깜한 진흙 속에서, 열여덟 해 귀양살이라는 악당들의 그물 속에서도 도리어 다산은, 그들의 패악으로 하여 흔들리는 나라와 도탄에 빠진 백성을 걱정하고 연민했다.

　미꾸라지처럼 깜깜한 진흙 속에서, 다산이 제일 먼저 생각한 것이『주역』이었다. "역을 지은 사람은 아마도 우환이 있었을진저!"[作易者其有憂患乎]라는『주역』의「계사전」(繫辭傳)의 말에 부쳐 다산 또한 자신의 우환(憂患)을『주역』으로 처리했다고 스스로 말한다. 문왕(文王)이 유리성(羑里城: 하남성 湯陰 북쪽)의 칠년 감옥살이에서『주역』을 연역한 것에 감히 비기는 것은 아니지만 그 또한 유락(流落) 칠 년(1801~1808) 만에 『주역사전』을 완성한 것이라고 그는 조심스럽게 말한다. 이른바 일표이서(一表二書)로 대표되는 다산의 국가 개혁사상의 뿌리는 그의 역학사상에 있다고 생각하거니와, 감히 나는 그의 고뇌와 슬픔을 헤아리면서 백발에 이르러서야 겨우 시시한 박사학위논문 하나를 작성할 수가 있었다. 이 논문에서 다산역이 근간을 이루기는 하지만 소옹이며 야산의 가지들이 조금은 부영(敷榮)하는지도 모르겠다.

문득 그 옛날, 별이 총총한 고향의 밤하늘이 그리워진다. 누가 장대를 휘둘렀는지 도시의 밤하늘엔 별들이 다 빠져 버린 모양이다. 고향에 갈 것이다. 정다산이 그리던 예천(醴泉)으로 갈 것이다. 군수로 고을살이를 하는 그의 아버지 정재원(丁載遠)의 임소(任所)를 찾아 열아홉 살 다산이 예천에 와서 반학정(伴鶴亭)에서 한동안 글을 읽고 「반학정기」(伴鶴亭記)를 쓰고, 경치 좋은 선몽대(仙夢臺)에 노닐고 「선몽대기」(仙夢臺記)를 남겼는데, 뒷날 강진 유배지에서 이때를 회상하며 아득히 그리워했었다.

데데한 이 논문이 세상에 선보이기 전에 부모님 산소를 찾아 고향에 가서, 그 옛날 아버지처럼 이슥한 밤 마당을 어슬렁거리며 총총한 별들을 쳐다보기도 하고, 어머니처럼 굶기도 하련다. 제수씨는, 반찬이 부실했나 싶어 어쩔 줄을 모를 것이고 아우는, 형님께서 무슨 시름이 계시냐고 묻겠지만 나는 대답을 못할 거다. 아버지를 따라 별자리를 살피고 달이 차고 이지러지는 과정을 관찰하여 그 방위를 나침반으로 파악하면서 납갑(納甲)의 이치를 터득했던 추억이며, 아버지의 말씀을 좇아 학교를 그만두려는 이 아들을 두고 단식으로 무언의 항변을 하시던 어머니 이야기를 나는 차마 하지 못할 것이다. 쓸쓸히 웃고는 내친김에 표연히 길을 떠나 우선 다산의 묘소만이라도 찾아가려 한다. 마재[馬峴]의 소내[牛川] 곧 초천(苕川) [경기도 남양주시 조안면 릉내리(鳥安面 陵內里)] 을 찾으면 되겠지. 묘소에 잔 올리고 잠시 머물다가 총총히 강진으로 내려갈 작정이다. 도중에, 동짓달 찬바람에 시린 손을 맞잡고 형 약전(若銓)은 서쪽 섬(玆山: 黑山島) 가운데로 동생 약용(若鏞)은 남쪽 바닷가(康津)로 귀양길에 형제가 이별하던 나주읍에서 북쪽 오 리 지점에 있던 율정점(栗亭店)이 어딘가를 꼭 찾아봐야겠고, 차창에 기대어 나 또한「율정별」(栗亭別)이라는 애끓는 다산의 시를 읊조리다가 강진 땅에 다다르면 제일 먼저 할 일이 하나 있다. 죄인이라고 박해하고 남의 종들조차도 같이 서서 말도 건네려 하지 않던 그때, 이 처지를 가련히 여겨 그를 거두어 주었던 동문 밖 한 노파의 주막집(東泉旅舍)은 집터라도 남았는지 찾아볼 것이다. 못 찾으면 어떤가? 아무데서나 나 또한 몇 잔 들이켜고서 다산이 밟았던 보은산방

(寶恩山房: 高聲寺)으로 만덕사(萬德寺: 白蓮社)로 그리고 대둔사(大芚寺: 大興寺)로 거닐고, 다산초당(茶山草堂)을 서성이고, 차나무 밭에서 茶山의 슬픈 시를 읊으리.

다산의 많은 저서며 시문들은 도처에서 창맹(蒼氓)과 더불어 한숨짓는다. 제갈량(諸葛亮)의 「출사표」(出師表)를 읽고 충신은 운다지만 다산의 「애절양」(哀絶陽)이며 「기민시」(饑民詩)며, 「산옹」(山翁)이며 '삼리시'(三吏詩)라 일컫는 「용산리」(龍山吏) 「파지리」(波池吏) 「해남리」(海南吏) 같은 분세질속(憤世嫉俗)의 탄식을 들으면 충신은 못되어도 우는 사람은 있으리.

야산과 강절을 거쳐 다산에게 하늘[天道]을 물었건만 망도필묵(妄塗筆墨)이었을 뿐, 나는 아직 하늘의 말을 듣지 못했다.

수필로 쓴 정약용론
다산의 여자

초판 인쇄   2013년 3월 29일
초판 발행   2013년 4월 10일

글 쓴 이 | 박주병
펴 낸 이 | 하운근
펴 낸 곳 | 學古房

주   소 | 서울시 은평구 대조동 213-5 우편번호 122-843
전   화 | (02)353-9907 편집부(02)353-9908
팩   스 | (02)386-8308
전자우편 | hakgobang@naver.com, hakgobang@chol.com
홈페이지 | http://hakgobang.co.kr
등록번호 | 제311-1994-000001호

ISBN   978-89-6071-295-9   03800

값 : 9,000원

※ 파본은 교환해 드립니다.